По(с)ле стихов

О некоторых тенденциях в современной
русскоязычной поэзии
(на материале А. Сен-Сенькова и группы «Орбита»)

NEUERE LYRIK
Interkulturelle und interdisziplinäre Studien

Herausgegeben von
Henrieke Stahl, Dmitrij Bak, Hermann Korte,
Hiroko Masumoto und Stephanie Sandler

BAND 6

Массимо Маурицио

По(с)ле стихов

О некоторых тенденциях в современной русскоязычной поэзии
(на материале А. Сен-Сенькова и группы «Орбита»)

Bibliografische Information der Deutschen Nationalbibliothek
Die Deutsche Nationalbibliothek verzeichnet diese Publikation
in der Deutschen Nationalbibliografie; detaillierte bibliografische
Daten sind im Internet über http://dnb.d-nb.de abrufbar.

Umschlaggestaltung: © Olaf Gloeckler, Atelier Platen, Friedberg
Umschlagabbildung: © Archive of Orbita's group

ISBN 978-3-631-78567-6 (Print)
E-ISBN 978-3-631-78743-4 (E-Book)
E-ISBN 978-3-631-78744-1 (EPUB)
E-ISBN 978-3-631-78745-8 (MOBI)
DOI 10.3726/b15519

© Peter Lang GmbH
Internationaler Verlag der Wissenschaften
Berlin 2019
Alle Rechte vorbehalten.

Peter Lang – Berlin · Bern · Bruxelles
New York · Oxford · Warszawa · Wien

Das Werk einschließlich aller seiner Teile ist urheberrechtlich geschützt.
Jede Verwertung außerhalb der engen Grenzen des Urheberrechtsgesetzes ist ohne
Zustimmung des Verlages unzulässig und strafbar. Das gilt insbesondere für
Vervielfältigungen, Übersetzungen, Mikroverfilmungen und die Einspeicherung und
Verarbeitung in elektronischen Systemen.

Diese Publikation wurde begutachtet.
www.peterlang.com

Содержание

Введение ... 3

Глава I, или о свободном стихе, о версе и прозаизации как условности ... 9

Глава II, или о чувствительности и ее неуместности ... 23

Глава III, или о романтике, документальном письме и нарушениях ... 41

Глава IV, или о том, как могут выглядеть стихи ... 61

Заключение ... 91

Список литературы ... 95

Все иллюстрации в книге публикуются с разрешения авторов и правообладателей. Alle Abbildungen in diesem Buch werden mit der Genehmigung der Urheber und Rechteinhaber abgedruckt.

Илл. на обложке из архива группы «Орбита».

Илл. на с. 67 © Massimo Maurizio. Abbildung auf S. 67 © Massimo Maurizio.
Илл. на с. 79 из архива группы «Орбита». Abbildung auf S. 79 aus dem Archiv der Gruppe „Orbita".
Илл. на с. 82 © Margarita Ogaļceva. Abbildung auf S. 82 © Margarita Ogaļceva.

Введение

Вслед за постмодернизмом и пост-постмодернизмом (список можно продолжить) в культуре 1990-х гг. появились авторы, принципиально писавшие сами по себе и отдающие себе отчет в особом статусе современного писателя, оторванного не только от окружающего «мира мерцающих – возникающих и пропадающих – границ»[1], то есть, быстро меняющихся парадигм, но и от круга собратьев по перу, от «литтусовки». Подобная ситуация наблюдается до сих пор, но причины, наверное, другие: сегодня, в эпоху интернета и виртуального, хотя и беспрерывного обмена информацией, потребности в тесном живом общении, пожалуй, стало меньше. Тогда причины были скорее социокультурного характера, связанные с небывалым притоком информации, особенно в области музыки и искусства, в результате либерализации культурного процесса с конца 1980-х гг. Доступность западной, ранее запрещенной музыкальной и художественной продукции привел к беспрецедентной для советского пространства диверсификации источников и влияний, что постепенно, но довольно стремительно стало оттеснять доминирующую до того литературную (книжную) культуру.[2]

Таким образом, огромное количество цитат, эпиграфов и прочих интертекстуальных отсылок к музыкальным произведениям, фильмам, художественным практикам и т.д. в раннем творчестве А. Сен-Сенькова и С. Тимофеева косвенно свидетельствуют о расширении диапазона языков, к которым литературное произведение апеллирует. Столь частое и массовое обращение к другим художественным методам в поэзии начала 1990-х гг. (отнюдь не только названных авторов) может рассматриваться как один из способов преодоления концептуалистского постулата об исчерпанности любого языка после тотальной деконструкции, проведенной движением. Несмотря на то, что провокационный прогноз постмодернистов не сбылся, необходимость в дефиниции нового языка для авторов, дебютировавших на стыке 1980-х и 1990-х гг., была обу-

---

[1] Кукулин (2001b, с. 441).
[2] Доказательством этого может послужить рижский журнал «Родник/Avots» (1988-1992), одно из самых интересных и репрезентативных для своего времени изданий, распространявшееся на территории РСФСР и пользовавшееся большой популярностью. В «Роднике», с которым сотрудничал С. Тимофеев, публиковались трудно доступные тексты и переводы, а также множество материала о западной музыке и кино, а также о современной советско-русской контркультуры. Впервые местная культура отчетливо и осознанно воспринималась как часть европейской культуры (более подробно, см.: Кукулин. 2002d), что сделало возможным внедрение западных источников в латышскую и русскую культуру той поры и переработку этой традиции в контексте обновившейся культурной панорамы в стране.

словлена прежде всего резкой сменой социальной и ценностной системы и ею порожденной и продиктованной модели мира. Главную задачу, стоявшую перед начинающим автором, убедительно сформулировал Дм. Кузьмин в статье «Постконцептуализм. Как бы наброски к монографии»:

> В другой любимой книге моей юности (впрочем, тех же авторов) чудак-ученый, описанный с юмором, но и с любовью, ставит проблему таким образом: «Мы знаем, что эта задача не имеет решения. Мы хотим знать, как ее решать!». Проблематика постконцептуализма устроена ровно тем же способом: «Я знаю, что индивидуальное высказывание исчерпано, и поэтому мое высказывание не является индивидуальным, но я хочу знать, как мне его ре-индивидуализировать!» Причем в этой постановке задачи рука об руку идут восстановление индивидуальности художественной, поиск собственного идиолекта – и индивидуальности личностной, предъявление собственного «я» в его уникальности (поскольку концептуализм поставил под сомнение не в меньшей степени вторую, чем первую).[3]

В этой ситуации автор оказывается изолированным от культурного процесса своего времени и лишенным ориентиров. Кроме того, в 1990-е само понятие ученичества оказалось неактуальным для молодых литераторов, в связи с одинаковым чувством растерянности представителей старшего поколения и молодых в новом социуме. Кроме того, это – время социальных – и вслед за ними этических и ценностных – переворотов, это – время «быстрого крушения традиционных для советской жизни сценариев – как конформистских, так и (что не менее существенно) нонконформистских».[4] Невозможность опираться на общие эстетические принципы или писательские стратегии привела к невозможности создания вариантов «коллективных индивидуальностей», согласно определению М. Эпштейна, правда, ученый пишет о ситуации предыдущего десятилетия:

> «Индивидуальность, по отношению ко всему литературному процессу, «коллективная» по отношению к отдельным авторам. Негативный опыт прошедших десятилетий показывает, что без такого промежуточного звена творческая индивидуальность легко лишается своего особого места в литературном процессе, который подчиняет ее общепринятым стандартам, идейно и эстетически «обобществляет» и усредняет – и сам при этом теряет свой динамизм, обусловленный многоразличием составляющих, энергией творческих противоречий.[5]

Если в отношении постсоветского пространства нельзя говорить об «общепринятых стандартах», или рассчитывать на некую коллективность в том смысле, в котором понимает этот термин Эпштейн, то вызов

---

[3] Кузьмин (2001, с. 463-464).
[4] Кукулин (2001a, с. 249).
[5] Эпштейн (1988, с. 151).

времени, по крайней мере литературы последнего десятилетия XX века, не столько в том, чтобы «обобществлять и усреднять» литературную продукцию, сколько в том, чтобы пытаться вырваться из ситуации, описанной Кузьминым. Как я попытаюсь показать, это приводит к тому, что с начала нового тысячелетия текст становится полем для самовыражения, амплификации голоса автора и в конечном итоге разработки нового отношения к себе как к субъекту, через *опосредованное высказывание*, осуществляемое путем «подставных» фигур или их речевых репрезентаций (*опосредованное самовыражение*).

Для описания поэтических стратегий, о которых пойдет речь, особенно продуктивно оказывается лотмановское разграничение текста и не-текста, когда под первым понимается «факт лингвистической выраженности [с] признаками некоторой дополнительной, значимой в данной системе культуры, выраженности».[6] Выраженность в этом контексте возникает там, где высказывание оказывается эффективным, ре-индивидуализированным в системе культурных парадигм современности.[7]

* * *

За последние несколько лет предпринят целый ряд попыток сгруппировать те или иные писательские практики с точки зрения не столько школ, сколько направлений. В современной поэзии намечаются общие тенденции к определенным типам высказываний, к экспрессивным модальностям, которые – при разном, порой противонаправленном употреблении приемов и нарративов – не вполне безосновательно было бы рассмотреть как проявления общих эстетических взглядов. Одна их них – повествовательная поэзия: это термин, которое современное литературоведение применяет по отношению к таким авторам, как Ф. Гринберг, Б. Херсонский, М. Степанова, А. Родионов, Ф. Сваровский и мн. др. для определения поэтики, «деконструирующей грань между прозой и поэзией».[8] Специфический «подтип» повествовательной линии в современной поэзии встречается в частности в творчестве А. Сен-Сенькова, С. Тимофеева и других участников «Текст-группы „Орбита"» (на сегодняшнем этапе С. Ханин, А. Пунте и Вл. Светлов); обозначить его можно как «интимный», «переживательный». В случае этого «подтипа»

---

[6] Лотман / Пятигорский (1992, с. 133).

[7] Такое межжанровое разграничение «предполагает возможное развитие лотмановской теории текста с использованием теории речевых актов, перформативов, языковых игр и т.д.». (Золян. 2016, с. 63). Не вдаваясь в подробности, отметим лишь, что это особенно актуально в той части современной литературы в большей или меньшей мере, существующей на границ форм, например в творчестве Г. Лукомникова.

[8] Kukulin (2015, с. 247).

уместно говорить о передаче субъективной чувствительности посредством выразительных и поэтических инструментов, которые позволяли преодолеть недоверие (самого автора в первую очередь) к «языку переживания»[9] в современном культурном пространстве и в контексте «постправды», которая девальвировала само понятие эмоционального высказывания; в поэтиках, о которых будет идти речь, как раз-таки намечается попытка снова актуализировать дискурс о *собственной эмоциональности и сфере переживания*.

Кроме процитированных, к этому «подтипу» можно, безусловно, отнести и других авторов, таких как Ст. Львовский или Дм. Кузьмин. У первого лирический герой – «человек тонкий и ранимый, но чуждый любого эскапизма и склонный к прямой социально-политической рефлексии […] Осмысление места человека в мире и истории происходит в поэзии Львовского через доверительно-интимные, выстраиваемые всякий раз заново отношения с людьми и с текстами (или с фильмами)».[10] Для него интимный мир и «переживательный» язык тесно связаны с историзмом, составляющим канву ежедневного бытия: «самое интересное для меня […] как частного человека, читателя и вслед за этим – для меня как поэта, […] – это остановленное мгновение абсолютно индивидуальной человеческой жизни».[11]

Много положений, о которых пойдет речь резонирует с главными пунктами, резюмированными Ф. Сваровским в статье «Несколько слов о новом эпосе», в частности что касается ориентирования на лирическое и «системное, нелинейное высказывание, когда сумма образов, выраженных в тексте, выявляет некое общее ощущение, некую общую мысль»[12]; другие признаки «нового эпоса», которые могут казаться созвучными моему анализу – «повествовательность и, как правило, ярко выраженная необычность, острота тем и сюжетов, а также концентрация смыслов не на реальной личности автора и его лирическом выска-

---

[9] Под этим термином, А. Житенев подразумевает «мировоззренчески обусловленную систему представлений о сфере чувств, выступающую основой для разработки их риторики и задающую рамки для построения образа субъекта. В такой интерпретации язык переживания выступает одной из слагаемых автоописания и, следовательно, рассматривается независимо и от „категоризации эмоций в лексико-семантической системе языка" […] язык переживания – это метаязык сенситивности, отражающий динамику представлений о репрезентации субъективности и в силу этого определяющий принципы построения стиля» (Житенев. 2012, с. 246-247).

[10] Львовский (2008, с. 8 и 10).

[11] Кузьмин (2008, с. 20). Этот список легко продолжить, например именами И. Жукова, Ф. Гримберг, М. Степановой и мн. др.

[12] Сваровский (2007, с. 4).

зывании, а на некоем метафизическом и часто скрытом смысле происходящего, находящемся всегда за пределами текста».[13] Вообще говоря, в своем манифесте Ф. Сваровский описывает не столько движение, сколько довольно распространенную в современной литературе тенденцию.

В данной работе мне важно не устанавливать преемственности и взаимные эстетические, формальные и другие переклички, а прежде всего наметить некоторые эволюционные линии и экспрессивные, саморефлексивные модальности, которые наверняка встречаются не только у авторов, о которых будет идти речь. Диффузность этих тенденций и модусов в разных писательских практиках скорее свидетельствует о столь же диффузном в современной поэзии эмоциональном восприятии окружающей действительности.

Но в данной работе я буду обращаться к авторам, постоянно работающим на грани литературы и других художественных модальностей (аудио- и видеоинсталляции, художественное оформление литературных текстов, и т.д.), и чье творчество свидетельствует о непрекращающемся интересе к контаминациям поэзии не только с другими языками, но и с разными моделями конструирования текста, которые традиционно считаются чуждыми чисто поэтическому дискурсу. В этом главную роль играют некоторые «сверхтекстовые единства»[14], определяющие «контексты» и само восприятие произведения для нового понимания поэзии в современном пространстве.

**

Эта работа была осуществлена благодаря гранту университета г. Трир в рамках проекта Russischsprachige Lyrik in Transition: Poetische Formen des Umgangs mit Grenzen der Gattung, Sprache, Kultur und Gesellschaft zwischen Europa, Asien und Amerika (FOR 2603). Время писания следующих страниц совпало с тесным общением прежде всего с героями глав – через их тексты и то, что мне виделось в них, через слова и мысли, которые сопровождали мои дни за чтением их текстов и за компьютером.

Я хочу поблагодарить всех коллег и друзей, которые отвели свое время на дискуссии в Трире и не только. Это – Х. Шталь, Ю. Б. Орлицкий, Л. В. Зубова, М. Г. Павловец, Е. А. Асонова, А. Гаврилюк, Е. Евграшкина, а также Ларс. Хочу выразить искреннюю благодарность И. В. Кукулину за обсуждения и сказать отдельное спасибо У. Ю. Вериной, Андрею, Сергею и Александру за помощь, редакцию и ценнейшие советы и Наташе за бесценную помощь и безусловную поддержку во всем.

---

[13] Сваровский (2007, с. 5).
[14] Верина (2017, с. 8-9 и др).

Глава I, или о свободном стихе, версе и прозаизации как условности

Авторы, рассмотренные в данной работе, пишут исключительно или преимущественно свободным стихом повествовательного (прозаизированного)[1] типа, который с формальной и интонационной точек зрения ближе к поэтической практике начала XX века, нежели к периоду «возрождения» этой формы в 1960-х и в 1970-х гг., за исключением переводной поэзии (напр., переводы Б. Слуцкого из Б. Брехта).

Предвестия такого верлибра можно усмотреть, среди прочего, в «Александрийских песнях» М. Кузмина, в опусах В. Хлебникова или в творчестве С. Нельдихена, то есть в писательских практиках, ориентированных на дробление текста на стихи, распределение которых часто не совпадает с естественными для языка паузами; это «приостанавливает» синтаксическую конструкцию, «ломает» фразу так, чтобы переносы протекали по тексту, еще больше акцентируя «прозаизированную» природу. Текст стремится к «специфической интонационной напряженности», обеспеченной многими переносами.[2]

Такой подход имеет для Тимофеева программный характер:

> Когда осень торопится, как разбитое стекло
> На месте, где пытались обменяться атомами два автомобиля,
> И заталкивает мне в горло все эти листья и *обёртки от*
> *Мороженого*, как будто второпях пытаясь избавиться
> От доказательств, от лишнего шороха, и я давлюсь всем этим
> Изобилием под какой-то скамейкой, и случайная кислородная
> Маска не налезает на лицо, и паспорт потерян, и парни,
> Двадцать пять лет топтавшиеся по вечерам на детской площадке,
> Скрываются в подъезде, как процессия униженных рыцарей,
> И закрывают за собой двери, и становятся старше, и пьют больше
> Жидкости, в которой меньше спирта, и я понимаю, что остывает,
> Остывает реактор, и температура падает, и заиндевевшая перчатка
> Валяется на металлическом полу, и кто-то произносит: «пустышка»,

---

[1] По поводу «прозаизированного» верлибра, см.: «[Длинный повествовательный верлибр] ассоциируется с американским свободным стихом [...], его трудно соотнести с „нравственной чистотой и моральной стойкостью" (ср. мнение И. Бродского), свойственными русской поэзии [...] В современной поэзии сложился подтип верлибра, [...] повествовательный свободный стих, значительный по объему, в синтаксическом строении которого преобладают подчинительные связи. Такой подтип верлибра точнее всего было бы назвать „прозаизированным", поскольку он синтаксически неотличим от прозы, но верлибр сам по себе в значительной мере является прозаизацией стиха» (Верина. 2017, с. 98-99).

[2] Гаспаров (2001, с. 14).

> И хрипящие пружины из выбитых люков колышутся под монгольским ветром,
> Как дикие кошки, изогнуты перед атакой, и я скольжу *в очень тихих*
> *Дворах с выжженным звуком*, и вся эта стеклянная посуда из бывшей
> Лаборатории, разбитая или выкинутая, снится мне по ночам, приходит,
> И я понимаю: осень, стекло, в которое, вжавшись губами, пытаешься
> Прошептать наскоро несколько шуток. Так, как будто тебя *уводят и ты*
> *Думаешь*, каким же тебя запомнят, таким или этим, или *каким ты был*
> *В среду*, изобретатель какого-то механизма или человек, выставивший
> Бутылку на стол, «миллион алых роз» или черепашьего цвета галстук.
> Только успел кое-что приобрести и выкинуть, как вдруг снова... Ложится
> Тьма, и ты видишь, как наискось уходит прошитое суровою ниткой время.³

В случае по крайней мере четырех примеров (подчеркнутые фрагменты) из восьми нельзя говорить, прибегая к тыняновской терминологии, о динамизации, характерной для переносов⁴; они здесь позволяют строить довольно длинные для поэтической речи фразы, что в свою очередь позволяет вести на протяжении многих стихов пространную речь, которая строится по принципу прозаического изложения, включая в себя сложноподчиненные формы, причастия и деепричастия и прочие признаки повествовательности.

> Свободным стихом обычно пишутся длинные стихотворения. [...] Обычно длина стихотворения возрастает за счет вторжения эпического или рационалистического, рассудочного начала. Эпический сюжет, один или даже несколько эпизодов, обычно требует для своего изложения значительного текста. Точно так же требуется немало места для того, чтобы последовательно провести мысль по законам логического развития. И то, и другое удлиняет стихотворение по сравнению с теми, которые содержат образ как отображение мира, преломленное авторским сознанием, без эпического или рационалистического движения: необыкновенная емкость образа часто делает такие стихотворения миниатюрами.⁵

Специфика этого стиха в том, что переносы разбивают не только фразу или высказывание, а грамматические и синтаксические связи, как в подчеркнутых в примере стихах.⁶ О тенденции к прозаизации говорит то,

---

³ Тимофеев (2012, с. 14). [*Курсив мой* – М.М.].
⁴ См.: Тынянов (2002, с. 27-166), а также Гаспаров (2004, с. 85-95).
⁵ Баевский / Ибраев / Кормилов / Сапогов (1975, с. 101). Лиро-эпичное повествование пользуется популярностью в современной поэзии, как доказывает, например успех таких авторов, как Ф. Сваровский, модернизирующий эпический жанр, и для львиной доли творчества которого первоисточником служит научно-фантастический жанр, неслучайно изначально и подчеркнуто прозаический. Как и практика Дм. Данилова (см. дальше, с. 19-20).
⁶ В последней книге автора («Реплика») этот прием доводится до предела и переносятся даже слова, как, например, в стихотворении «Происшествие»: «Робин /

что первое предложение занимает 19 стихов; если переписать их в виде прозаического фрагмента, это мало изменит звучание текста, из чего можно заключить, что такое деление стремится не только к «подчеркиванию стиховой природы текста, произвольно членимого автором на речевые отрезки»[7], но еще и к передаче ощущения нагромождения информации и деталей, часть которых ускользает от читательского внимания.

При анализе приговского «Широка страна моя родная», структурно очень похожего на стихи Тимофеева, Ю. Орлицкий пишет о прозаическом характере произведения именно в связи с расставлением пауз не по стихотворному принципу: «В полном тексте произведения [...] регулярно встречаются переносы слов на границах типографских строк, что, по нашему мнению, несомненно является отличительным признаком прозаической речи [...] Если читать этот текст как стихотворный, мы должны ставить на разрывах слов протяжённые паузы, характерные для ритмики стихотворной речи, кардинально меняя тем самым способ произнесения текста».[8]

Вот пример из поэзии С. Тимофеева:

1   Когда девочки с улицы Чака
2   Вдруг пропали, вдруг исчезли,
3   Вдруг затерялись в бесчисленных съёмных
4   Квартирах в столетних, пахнущих сыростью
5   Домах Москачки и других предместий,
6   Люди лишились бесплатного зрелища –
7   Возможности лицезреть из окон любого
8   Вида транспорта их, фланирующих вечерами
9   На перекрёстках, торгующих телом и временем,
10 Которые могли разделить с любым, у кого было
11 Достаточно наличных. [...][9]

Дробления между стихами 3 и 4, 4 и 5, 7 и 8 не мотивированы паузами или интонационными соображениями, один стих плавно перетекает в следующий. К тому же, верлибр позволяет читать и воспринимать их

Гуд кивает, Чингачгук еле заметно хмурит / брови. Они трогаются в ту сторону одно- / временно». Тимофеев (2018b, с. 38).

[7]   У М. Цветаевой «Переносы служат [...], кроме чисто смысловых целей, еще и подчеркиванию стиховой природы текста, произвольно членимого автором на речевые отрезки и тем самым регулирующего наше дыхание, делая его то непредсказуемо прерывистым, то неожиданно ровным. Интересно, что примерно то же М. Цветаева делает с нашим дыханием и в своей прозе, тоже нередко произвольно – по чисто стиховому принципу – разрывая ее ровное течение внезапными тире». (Орлицкий. 2002, с. 353).

[8]   Орлицкий (2014, с. 150).
[9]   Тимофеев (2012, с. 40).

как «повествование в стихах», где наблюдается «нарушение тесноты единства стихового ряда».[10]

Именно поэтому современные практики ближе к прозаизации начала века; как замечает М. Гаспаров, верлибр того времени отличался от прозы (кроме, конечно, формы) тем, что «читатель чувствовал, что поэт высказал все, что хотел, и что здесь не стихи становятся прозой из-за своей недостаточности, а проза становится стихами из-за своей совершенной точности».[11] На уровне интертекстуальности такой верлибр – как для С. Тимофеева, так и для А. Сен-Сенькова – коррелирует с западной, прежде всего северо-американской традицией второй половины XX века, но не без посредничества одного из самых ярких трансляторов этой традиции на русскую почву, А. Драгомощенко, важнейшей фигуры для обоих авторов, и тонкого знатока, переводчика западной, прежде всего американской, поэзии.[12]

Вообще говоря, в так называемой «новейшей» литературе все чаще намечается тенденция к поэтическому творчеству как к результату смешения стихотворного и прозаического начал, то есть как к изначально синкретическому продукту; в качестве примера приведу название книги О. Васякиной «Женская проза», вышедшей в серии «Поколение», в которой, по словам руководителя проекта «Различие» К. Корчагина, выпускаются именно поэтические тексты[13]; несмотря на название, сверхдлинные верлибры Васякиной отличаются точным совпадением конца строки с концом фразы или мысли, как в традиционной русской верлибрической практике.

Среди молодых авторов декларативное (по отношению к формальной организации стиха и сверхтекстовых единств) тяготение к прозаичности отличает писательскую манеру К. Корчагина[14] и Е. Захаркив:

---

[10] Тынянов (2002, в частности с. 59-68).
[11] Гаспаров (2002, с. 23).
[12] Между прочим сходство между этими двумя авторами заметил еще – правда, по отношению к тематической направленности – И. Кукулин (2002d, с. 271-272).
[13] Ср. презентацию серии: «В последние годы мир стремительно меняется, вместе с ним меняются и способы *поэтического* письма, и наиболее чувствительными к этим переменам оказываются молодые поэты – те, что выросли среди социальных сетей и были вынуждены заново открывать для себя *поэтику* и политику. Предпосылки этого письма премия „Различие" обнаруживает в творчестве старших авторов, но только младшие *поэты* воспринимают его как свое. Именно таких *поэтов* представляет обновленная серия „Поколение"». (Васякина. 2016, непронумерованная стр. [*Курсив мой* – М.М.]). В данном сообщении оставим в стороне рассуждения о «шатающемся» гендерном определении женской прозы.
[14] У К. Корчагина встречается довольно много параллелей с тенденциями и формами, о которых пойдет речь в этой книге. Подробнее об этом см. дальше, с. 95.

```
раскалённые шквалы московской грозы в торговом квартале токио дождь
                                                                инверсии
залп траекторий индексов в голубом зените бразилии над иссякающими
                                                              облаками
путаница частиц на теле землевладельца хироо оноды    что за объект
                                                     представляет «язык»
взятый вообще     внутри установленного диапазона на шкале чёрной
                                                             дуальности
распад синтагмы    «тот кто говорит»    «тот кто отсутствует» «к кому
                                       обращён этот    фрагмент»
вычёркивание оператора     прерывание канала    смерть свидетельства
              чтение тропического бассейна    автописьмо охоты
              жест аналогового стрелка    жест чужеземца
юридические установления    психика соответствий     сердца
                                                          поправок
отовсюду плывут иероглифы тишины схлёстываясь с тишиной   kurafu
                                                 kei   андрогинные банды
дискурса жмутся к стенам акихабара    он дрейфует с подростками
                                             воспоминаний по электронным
фасадам когда искривлённые берега вырываются из-под его шагов и остров
                                                   стягивает пространство
резкое наносолнце рассекает лицо широким неоном    карта падения
                                                разворачивается под ним
красные автобусы мелькают в стороне материка и на мгновение ему кажется
                                                   что океан раздвинул
свои тяжёлые и свои невесомые воды    обнажая прозрачное дно в
                                 контурном свете    после того
как дрожащие грани сознания с бегущей строкой по периметру выдоха
                                 стискивают резервуары [...][15]
```

В случае творчества Тимофеева, сближение стиха с прозаическим звучанием делает стих же менее «динамичным»[16], несмотря на то динамизация – что «чуть ли не самое „интимное" свойство поэтической речи [–] единственный ритмический ход, который ни при каких условиях не может быть ассимилирован прозой».[17]

Что касается интересующей нас повествовательной тенденции, то «свободный стих легко принимает в себя черты эпоса. Для него вполне органичен, например, сюжет поисков Царя и священных знаков из первой сюиты Рериха».[18] Адаптируя эту цитату к современной ситуа-

---

[15] Захаркив (2017, с. 67-68). Переносы в данной цитате соответствуют оригиналу.
[16] Ср.: «Если мы передаем прозой vers libre, в котором стиховой ряд не покрывается синтаксическим, мы нарушаем единство и тесноту стихового ряда и лишаем его динамизации речи» (Тынянов. 2002, с. 65).
[17] Шапир (1995, с. 20).
[18] Баевский / Ибраев / Кормилов / Сапогов (1975, с. 102).

ции, эпичность необходимо заменить на «нарративность», но главная функция неупорядоченной стиховой формы остается неизменной; интонация здесь, как правило, плавная, поэтические приемы в ней сведены к минимуму, она «способствует исторической и социальной рефлексии [...]. Обычно считается, что подобная рефлексия – прерогатива художественной прозы, но в современной русской литературе эта функция перешла главным образом на поэзию».[19] Нарративный принцип сближает «ритм прозы» с «ритмом поэзии»[20], нивелируя эмоциональный накал. В случае Тимофеева это еще очевиднее, если иметь в виду его практику как перформативного поэта, чаще всего читающего тексты в сопровождении или на фоне других медийных форм, требующих совершенно другого восприятия, нежели «чисто» поэтический текст, за счет сонорных, визуальных и других стимулов.

Безусловно, сегодняшняя популярность верлибра обусловлена многими факторами, прежде всего установкой на западную традицию, но не только. Опираясь на теорию Б. Эйхенбаума о взаимоотношениях прозаического и стихотворного начал, можно выдвинуть осторожное предположение, что все большее распространение верлибрической структуры в сегодняшней поэзии частично связано с выраженной конкретикой, свойственной поэтическому дискурсу в целом, который фокусируется не столько на личной, «внутренней» сфере лирического я-субъекта, сколько на его же соотношении со внешним миром, что в свою очередь порождает социальный, политический и другие дискурсы.

* * *

Исторически верлибр допускал возможность стихов длинных – как показывает практика признанного родоначальника традиции свободного стиха У. Уитмана – и даже сверхдлинных, например у А. Гинзберга. Эволюция этой линии приводит сегодня к текстам, где прозаическое и стихотворное начала смешаны (версе). Вообще в текстах А. Сен-Сенькова, А. Пунте и многих других современных поэтов размывание границ между стихом и прозой и наличие чисто прозаических фрагментов становится практикой, которая все меньше воспринимается как нарушение нормы, и неслучайно, что «в 2010-е годы несколько авторов выпустили одновременно книги, в которых повествовательный поэтический текст указывает

---

[19] Kukulin (2015, с. 247).
[20] Тынянов (2002, с. 65).

на прозаический жанр».²¹ Транспозиция прозаического в поэтическое сегодня продуктивно используется и в текстах более молодых авторов.²²

А. Пунте включил в сборник «Стихотворные посвящения Артура Пунте» текст «Дедушка», который представляет собой длинный фрагмент без деления, сплошным потоком занимающий всю страницу:

> Дед мой умер в прошлом году. Родственники поставили на его могиле некрасивый памятник с Богородицей. А он был материалист. И я материалист от него и знаю, что ему нравились праздники – Сретенье, Успенье, Покров и другие, а в бога не верил и попов за мужиков не считал […]²³

Выбор прозаической формы в данном случае может быть продиктован тем, что текст строится как воспоминания маленького внука о дедушке, где изложение напоминает по интонации школьное сочинение; для передачи этой интонации стихотворная форма оказалась бы, пожалуй, слишком изящной, контрастирующей с разговорным, непринужденным тоном рассказчика.²⁴ «Дедушка» относится к 2002 году, что свидетельствует о

---

21   Kukulin (2015, с. 247).
22   Если обратиться к современной поэзии, на формальном уровне принципиальное несоблюдение стихотворного принципа характеризует творчество Е. Захаркив:
«Speech act
(1) „Джон выйдет из комнаты?"
(2) „Джон выйдет из комнаты"
(3) „Джон, выйди из комнаты!"
(4) „Вышел бы Джон из комнаты"
(5) „Если Джон выйдет из комнаты, я тоже выйду"*
Предложить пространству не быть таким томительно несократимым, пассивным, только принимающим активную любовь времени, претерпевающим его «идущие» предикаты. Джон – это время, в то время как стол, стул, кровать – это референтная группа, воспроизводимая Джоном (а значит, в равной степени пленяющая его) в качестве элементов предметного мира, или рая на грани выхода из него. В общем, комната также содержит акты темпоральности в тюрьме своего выражения, при званная интенсифицировать их. Есть ли у Джона предварительный опыт, связанный с тем, что находится за пределами комнаты? – вот что мне хотелось бы знать. Кажется, что, практически являясь чистой потенцией выхода из пространства („[…] я всегда / уходящий. Смотрю на всё, / уходя, падаю, уходя"**), но никак не отражая этого опыта, он должен трактоваться как имплицитно опытный, обладающий скрытым достоверным знанием об относительности пространственных границ. Осталось только осуществить воздействие, выломать дверь, вероятно, дорого за это заплатить, говорят, Джон, за пределами этого акта – ад, но если ты выйдешь, я тоже выйду.

---

* Дж. Сёрль. ** Ф. Урондо». (Захаркив. 2017, с. 58).
23   Пунте (2013, с. 28).
24   Традиционно опусы прозаизации поэтического материала имели другую цель. Название «Senilia. Стихотворения в прозе» И. Тургенева выполняет сразу две

том, что тенденция к прозаизации в рамках стихотворной формы (сборник называется *Стихотворные посвящения Артура Пунте*) не является чем-то новым для Пунте; в «Джеки Чане»[25], где прозаические фрагменты чередуются со стихами с нарочито тривиальной метрической схемой, прозаическая составляющая выделяется как главная часть стихотворения.

В этом контексте мне кажется уместным рассматривать данное письмо не как жанр, альтернативный стихотворному, но как радикальную форму стиха, как сверх-удлиненный стих (версе), который характеризует «длинная по сравнению со стихом строфа, обычно не членимая на предложения, и отсутствие единственного обязательного признака, отличающего стих от прозы, – двойной сегментации текста».[26] Поскольку «всякое новое содержание неизбежно проявляется в искусстве как форма: содержания, не воплотившегося в форме, то есть, не нашедшего себе выражения, в искусстве не существует»[27], в контексте поисков новых выразительных средств и вообще нового экспрессивного потенциала в поэзии 2000-х гг., совмещение стиха и прозы может быть рассмотрено как новая форма, санкционирующая новое отношение к стиху. В рассмотренных случаях авторы игнорируют имплицитную, заложенную в самом определении «поэзия» дихотомию (поэзия vs проза), очевидно тяготея к прозаизации первой.

функции, имеющие отношение прежде всего к природе материала: во-первых, слово «стихотворение» указывает скорее на короткий объем рассказов, а также на поэтичность, характерную для них; тем самым оно перекликается и инвертирует постулаты пушкинского «Романа в стихах». Во-вторых, название имеет функцию организации самого материала, подчеркивая несвязность в расположении рассказов и необязательность прочтения текстов именно в том порядке, в каком они опубликованы, как можно читать стихотворный сборник. В аннотации «К читателю» он пишет: «Добрый мой читатель, не пробегай этих стихотворений сподряд: тебе, вероятно, скучно станет – и книга вывалится у тебя из рук. Но читай их враздробь: сегодня одно, завтра другое, – и которое-нибудь из них, может быть, заронит тебе что-нибудь в душу» (Тургенев. 1994, с. 5). В стихотворениях в прозе Хлебникова чередование поэтического текста с прозаическими фрагментами соответствовало четкому формально-композиционному принципу, где каждая форма выполняла определенную функцию (в «Зангези» стихами написаны заумные монологи богов, напр.). Это так называемая «окрошка», «соединение в новое единство старых тем и стиховых фрагментов» (Примечания к: В. Хлебников. 2003. 352.) Также «Стихотворения в прозе» составляют отдельный и специфический жанр, они «в отличие от рассказов, повестей, очерков [...] почти лишены канвы событийности, акцентируя приемы бессюжетного лирического высказывания» (Хлебников. 2004, с. 387).

[25] Подробнее об этом тексте, см. ниже.
[26] Орлицкий (2002, с. 408-409).
[27] Жирмунский (2001, с. 27).

Вообще же, различия и дефиниции имеют весьма условный и относительный характер в перформативном и мультимедийном контексте, в котором поэзия и тексты вообще – лишь одна из форм многоязыкового произведения. Можно тем не менее предположить, что свободный стих в контексте прозаизации стихотворной формы в современной русскоязычной литературе представляет собой не столько разновидность поэтического метра, сколько один из способов расположения или визуализация словесного материала на странице. М. Гаспаров определил верлибр как «стих без метра и рифмы, отличающийся от прозы только членением на строки»[28], а В. Куприянов выдвинул гипотезу, согласно которой эта форма – не элемент традиционной системы стихосложения, а явление промежуточное между поэзией и прозой.[29] В связи с этим мне кажется небезосновательным говорить об изменениях в структуре верлибра и его тяготении к одному из полюсов «поэзия vs проза».

В современной ситуации, как уже отмечалось, чередование форм и писательских манер имеет более частотный характер, что связано прежде всего с интонационной спецификой.

Тенденция к прозаизации в текстах, заявленных как стихотворные намечается также в текстах А. Сен-Сенькова разного времени[30]:

молодая змея готовится впервые сбросить кожу стыдно унизительно непонятно за что говорят иногда надо так принято все смотрят полные рты слюны яда сейчас дернет застежку нет так и не решится одежду потом насильно сорвут сожмется станет еще тоньше уползет в норку там не умрет родит что-нибудь отвратительное то что рожают в этих случаях такие как мы[31]

Формально, композиционно и содержательно это стихотворение почти не отличается от текстов, собранных в прозаических сборниках автора[32], что говорит об условности определения и, следовательно, дихотомии «поэзия/проза» для его творчества. Именно условность оппозиции является доказательством того, что понятия «литература» или «текст» стали

---

[28] Цит. в: Орлицкий (2002, с. 322).
[29] Ср.: Куприянов (1974) и Куприянов (1990), цит. в: Орлицкий (2002, с. 323).
[30] Ср., в качестве примера: «Занозы Перри Мейсона» (Сен-Сеньков. 2006, 69-70), или «Предсмертные виды спорта на Олимпиаде 1912 года» (Сен-Сеньков. 2010, 69).
[31] Сен-Сеньков (2010, с. 111). Стихотворение приводится целиком. *Курсив автора*. Та же тенденция прослеживается в творчестве других современных авторов; у А. Скидана, например, есть целый цикл стихотворений в прозе, «Когнитивный капитализм» (Скидан. 2016, с. 183 и 187-191), а у С. Янышева – целая книга «стихотворений в прозе» (С. Янышев. 2017), составленная из разных циклов, разделенных по тематическим блокам, но гомогенных с формальной точки зрения.
[32] Ср., напр.: Сен-Сеньков (2012).

гибкими, в какой-то степени гибридными, унифицирующими в одной форме сразу несколько экспрессивных и художественных модальностей.

Это обусловлено, как мне кажется, тем, что напластования разных формальных приемов и выразительных модусов служит разработке письма, способного передавать специфическую экспрессию через одновременно сосуществующие и разнонаправленные регистры в рамках одного произведения. Такая вариативность является результатом ощущения узости традиционных схем, а также следствием мультимедийной природы сегодняшней межчеловеческой коммуникации, а именно растущей роли социальных сетей и все большей виртуализации общения, в рамках которого сопровождение вербального сообщения изображениями, клипами, маленькими видеороликами и разного рода полисемантическими элементами стало нормой.[33] Поэтому логично предположить, что современный культурный дискурс демонстрирует ту же тенденцию в разработке специфической коммуникационной системы, которая апеллирует сразу к нескольким типам восприятия (визуального, аудиального и т.д.). Поскольку в цифровом пространстве для выделения сообщения на фоне всего остального, автор должен сделать его «привлекательным» с помощью разных семиотических, одновременно проявляющихся языков, презентация стихотворения или текста вместе с изображением или на музыкальном фоне сегодня воспринимается гораздо естественнее, чем, скажем, 15 лет назад: „фейсбучность" как конструктивный принцип заряжена перформатизмом».[34]

* * *

Еще одним элементом, позволяющим говорить о прозаизации текста, является тенденция к диалогичности; в текстах С. Тимофеева рассказ часто ведется от первого лица, а также лиц, отличных от автора, носителей другой точки зрения и специфического, узнаваемого говора-интонации:

Здравствуйте, мы воры из провинциальной гостиницы.
Ждём, пока кто-нибудь не загуляет,
А можем и подсыпать кейфалина в коктейль.
Потом будем долго шарить по карманам,
Отнимем бумажник и часы.

---

[33] Интересно, что этот процесс связан с массовым восприятием культурного пространства, что отражается на дефиниции поля современной литературы, затрагивая другие уровни, такие как социологический и типологический. См., напр.: «Интернет не изменил природу литературы. Он лишь придал вызревавшему конструктивному принципу завершенность, а главное, соединил его с практикой массовой культурной ситуации» (Липовецкий. 2017, с. 244).

[34] Липовецкий (2017, с. 247).

Просто мы очень любим деньги.
И у каждого есть своя цель в жизни.
Я хочу большой дом с огромными постерами
«Металлики» на стенах. А он хочет джип Хаммер,
Чтобы кататься кругами по главной улице,
Время от времени приспуская стёкла,
И орать: «Я имел вас и этот город!»
Но обороты у нас не очень.[35]

Сказовый принцип, традиционно ассоциируемый с прозой, психологической и диалогически устроенной[36], придаёт стиху Тимофеева черты многоголосого повествования.

Стихотворения Сен-Сенькова в меньшей, чем у Тимофеева, степени диалогичны в строгом смысле слова, но в них тоже выделяется некоторое количество голосов, отличных от авторского, и звучащих одновременно с ним; благодаря этому описания реальности предстают как калейдоскопически сменяющие друг друга повествования, в которых при полном отсутствии диалогов намечается составной плюрализм голосов и интонаций, отражающих множество точек зрения и «вариантов». Это и позволяет говорить о творчестве Сен-Сенькова как о *диалогически устроенной системе взаимодействующих и сложно интегрируемых элементов*. Сопоставление голосов здесь приводит порой к нагромождению и к какофонии; в этом смысле эта поэзия не диалогична в стро-

---

[35] Тимофеев. (2012, с. 24).
[36] Среди других современных авторов, у которых прослеживается ярко выраженная тенденция к прозаизации стихотворной формы можно назвать Дм. Данилова, в 2015 г. выпустившего единственную на сегодняшний день стихотворный сборник «Переключатель», который в какой-то степени можно рассматривать как продолжение его деятельности прозаика, по крайней мере на уровне интонации и тематики. Действительно, собранные в «Переключателе» стихотворения повествовательны, и лишь редкие поэтические приёмы, такие как, например, анафора, выдают стихотворную природу этих произведений при слушании. Как и его проза последних лет, множество стихотворений посвящено городской и вообще урбанистической теме с характерным для Данилова смешением эмоционального соучастия и документально-плавного тона. Прозаизация для Данилова – способ нагромождения рефлексий автора, перескакивающего с темы на тему, различных точек зрения, всевозможных деталей, длинных списков и т.д. См., напр.: «А Москва еще надолго останется / Хватит ее еще на наш век / Три буквы е подряд / Ну и ладно / И врагу никогда не добиться / Чтоб клонилась твоя голова / Глупо сейчас выглядят эти строки / Эти куплеты этой песни / ...» (Данилов. 2015, с. 17). Это превращает изложение в своего рода поток сознания, при относительно чётко обозначенной теме стихотворения. Именно магматическая структура, «запинки» и отвлечение внимания рассказчика фрагментируют стих, повествовательная манера превращается в имитацию устной речи, с учётом чего структура свободного стиха и авторского сказа оказываются единственно приемлемыми элементами.

гом смысле слова. С точки зрения авторской интенциональности это творчество сходится с творчеством Аркадия Драгомощенко, в частности в центральном для него понятии «между».[37]

Согласно Бахтину, именно множество регистров и «тип слов» – главный признак поэтической речи: она «требует единообразия всех слов, приведения их к одному интенциональному знаменателю [...] Возможность употреблять в плоскости одного произведения слова разных типов в их резкой выраженности без приведения к одному знаменателю – одна из существеннейших особенностей прозы. В этом глубокое отличие прозаического стиля от поэтического».[38]

Конститутивные для этих писательских практик многоголосье и диалогичность фактически выполняют ту же функцию, что и сказ в прозаических произведениях с его установкой на воспроизведение «устной речи рассказчика»[39], или на ее имитацию[40], что доказывает, что рассмотренные поэтики имеют тенденцию к прозаизации.

> В большинстве случаев сказ вводится именно ради чужого голоса, голоса социально-определенного, приносящего с собой ряд точек зрения и оценок, которые именно и нужны автору. Вводится, собственно, рассказчик, рассказчик же – человек не литературный и в большинстве случаев принадлежащий к низшим социальным слоям, к народу (что как раз и важно автору), и приносит с собою устную речь.[41]

Традиционно сказ ассоциируется с прозой, что логически влечет за собой прозаическое «звучание» и «в общем содержании речевого общения [...] велика роль невербальных элементов [...] Характерной особенностью разговорной речи становится активное использование говорящими невербальных средств общения: интонации, мимики, жеста, направленности взгляда и т.д.».[42] Таким образом, сказ превращает произведение в гибридную композицию, что в свою очередь делает

---

[37] Ср.: «Быть „между" – это всегда быть между понятием, смыслом, пониманием и воображением, которое никогда не может в нем завершиться. И это функция поэзии» (Ямпольский. 2015, с. 159). Ямпольский также отмечает: «Текст [...] понимается АТД [Аркадием Трофимовичем Драгомощенко] как бесконечное количество маршрутов, хаотических движений, в котором Я и не-Я мерцают, переходя друг в друга, и где каждый из этих маршрутов может вдруг актуализироваться в виду смысла» (Ямпольский. 2015, с. 228). По большому счету эти слова – за исключением идеи хаоса как упорядочивающего элемента – применимы и к творчеству А. Сен-Сенькова.
[38] Бахтин (2002, с. 223).
[39] Ср.: Эйхенбаум (1924).
[40] Ср. Виноградов (1980, с. 42-97).
[41] Бахтин (2000, с. 88).
[42] Каргашин (2017, с. 13).

возможным и поощряет обращение современной поэзии к другим модальностям передачи информации (визуальным и др.).

Что касается творчества указанных авторов, особенно продуктивным оказывается изучение интонационных особенностей стиха: до недавнего времени все исследования о сказе в литературе обращали внимание на это явление исключительно в прозаических текстах[43], а для стихотворных предлагались разные дефиниции этой поэтики (Л. Гинзбург «говорила об «опосредованной лирике»[44], что созвучно предложенной в этой работе концепцией способа самовыражения). И. Каргашин определяет стихотворный сказ как «способ речевой организации стихотворного текста, предоставляющий собой художественную имитацию устной монологической спонтанно-непринужденной (собственно разговорной) речи от имени героя – отстоящего от автора лица».[45]

Тимофеев и Сен-Сеньков нередко вводят лексические или синтаксические «шероховатости» с целью подчеркнуть чужое слово на фоне нейтрального изложения[46] или дисгармоничные сочетания регистров:

Ангелы – это очень медленные пацаны
которые курят в кулаки какие-то
шоколадные сигареты[47]

У С. Ханина нарративность часто проявляется через маркированное использование свойственных для прозаического типа письма форм, таких как деепричастия, причастия и сложноподчиненные предложения.

нащупывая губами горлышко
пить записки из брошенных в море бутылок
проборматывая темноватые местами каракули
гортанно-кудрявое бульканье пузырьков

артикулируя тщательно в формулах вежливости скомканные начала

захлебываясь диким смехом[48]

Тексты Ханина также изобилуют разговорными речевыми «вставками», смешанными с изящными поэтизмами и изысканными, чаще всего трудно разрешимыми образами-метафорами, с «опасными зонами» речи, имеющими дело с абсурдом ежедневной жизни и частично бросаю-

---

[43] Каргашин (2017, с. 19).
[44] Цит. в: Каргашин (2017, с. 20).
[45] Каргашин (2017, с. 32).
[46] Ср. у С. Тимофеева: «Выходил из дома рано утром и не возвращался / До самой глубокой ночи, а иногда / Пропадал и по несколько суток» (Тимофеев. 2012, с. 22). Об этом пойдет речь дальше, см. гл. II.
[47] Тимофеев (2003, с. 22).
[48] Ханин (2013, с. 55).

щими свет на него.⁴⁹ Именно контрастность двух пластов и порождает ощущение специфического языка, одновременно денотирующего себя как высокого и субъективно-аффективного:

> со дна приходящий в одностороннем порядке спам
> да и с чего бы это я вдруг стал слать вам письма
> дорогие долгие черные рекламные паузы –
> товары из космоса: пустота, расстояния, невесомость, пыль
> усовершенствованная пустота, расстояния нового поколения⁵⁰

Это письмо тоже нацелено на депоэтизацию произведения, в случае Сен-Сенькова и Ханина, оперирующую поэтическим материалом, который свидетельствует о высоком лиризме: именно через «зазоры», возникающие от диссонансного сопоставления регистров, проступает субъективность, авторское Я и, следовательно, аффективность и личное начало пишущего (а не его маски или персонажа). Письмо Ханина тяготеет «к поэтике случайного высказывания […] Отсюда – фрагментация синтаксиса и неожиданные инверсии или пропуски слов, показывающие стремительность эмоционального движения».⁵¹

Как увидим дальше, формальные «нарушения» поэтической «нормы» не имеют ни декларативного, ни демонстративного характера, а воспринимаются скорее как маркеры текста, в рамках которого они имеют смысл прежде всего как выразительные формы.

---

[49] Ср.: «Ханин исследует «опасные зоны» повседневной речи, в которых стёртый и привычный язык отказывается служить для передачи сообщения и начинает сам по себе преобразовывать действительность. Интересно, что заполняющий эти тексты экзистенциальный абсурд оказывается равно далёк и от мрачной „бессмыслицы" обэриутов, и от сюрреалистического погружения в бессознательное: скорее, он заставляет вспомнить о латвийской поэзии в диапазоне от Александра Чака до Карлиса Вердиньша, чуткой к абсурду повседневного существования, который не приводит к катастрофическим последствиям, а позволяет действительности заиграть новыми красками. Герой этих текстов почти неуловим, хотя он всегда говорит о себе от первого лица: для того, чтобы его присутствие стало заметно, поэт вынужден всё более причудливым образом видоизменять окружающую действительность, подвергать его различным метаморфозам для того, чтобы из бесформенной языковой массы, окружающей героя, возникла субъектность» (Корчагин. 2014, с. 262).

[50] Ханин (2013, с. 9). *Курсив мой* – М.М.

[51] Идлис (2004, с. 326).

Глава II, или о чувствительности и ее неуместности

В нарративной поэзии Тимофеева, Сен-Сенькова и некоторых других современных авторов можно выделить линию, нацеленную прежде всего на размышление о человеке и его аффективности. Здесь, конечно, речь не идет о возвышенном выражении «чувств» и «душевных переживаний», которое в современной литературе отодвинуто на периферию поэтического внимания из-за многочисленных импликаций и наслоений контекстов, из-за неактуальности разговора о «высоком и вечном».[1] Невзирая на стремление к преодолению постмодернистской концепции инертности языка, поэтики 1990-х и 2000-х гг. все же признавали (и в некотором смысле признают по сей день) девальвацию ценностей и «больших нарративов»[2], хотя в 1980-е и в 1990-е и были

---

[1] Напр., см.: Кузьмин (2001), Кукулин (2001a), Кукулин (2002c), Кузьмин (2002), Кукулин (2002d).

[2] Пригов говорил о «завершении всех великих проектов Нового времени – в том числе и „человека" как проекта» (Кукулин. 2014, с. 257). При этом, уже полвека как вера в великие ценности вообще – да и само допущение некоего общего нарратива, который может быть принят всеми в пост-идеологическом пространстве – чаще всего рассматриваются как пережиток политических, религиозных, философских, социальных и т.д. систем, которые в XX веке служили способами передачи, пусть и относительной, но над-человеческой истины. Травматический опыт крушения идеологий повлек за собой недоверие к дискурсу о себе-личности как об эмоциональном субъекте, обладающем какой-либо универсальной ценностью и следовательно выражающем или отражающем чувства какого-то коллектива, объединенного идеей, верой, взглядом и т.д. Процесс распада идеологем начался на Западе в середине 1970-х гг., после осознания тщетности стремлений молодежных движений 1960-х гг. Музыкальный фестиваль в Вудстоке был одним из последних проявлений эпохи «детей цветов». Частичное удовлетворение требований, выдвинутых студенческими волнениями 1968 года, парадоксально санкционировало неактуальность таких методов борьбы. Затем последовала реакция в виде принципиально неангажированного, циничного и разочарованного взгляда на мир и на собственную роль в нем, как и на ценности предыдущей эпохи (в популярной культуре такое отношение нашло выражение, например, в панковском движении, в социальной сфере – в террористических движениях). Послевоенное западное мировоззрение и молодежная культура 1960-70-х годов так или иначе, исходя порой из противоположных точек зрения и с противоположными результатами, опирались на общие большие нарративы как на способы сплочения вокруг этических ценностей, до того момента остававшихся неоспоримыми. Несмотря на очевидную разницу, в СССР и странах Варшавского договора пропаганда и послевоенное общество оперировали такими же большими нарративами и ценностями, заменив западные другими, более подходящими для этих государственных систем. Массовый процесс отчуждения, разочарования и ухода от идеологии как от социальной системы начался в те же 1970-е годы. Результат

предприняты попытки реабилитировать чувствительность, избегая аффективности и сентиментальности.

В «новейшей» поэзии 1990-х гг. наблюдается стремительное – по сравнению с предыдущим периодом – возвращение к автобиографическому высказыванию, к «Я», как, например в творчестве важной для тогдашней панорамы «молодой» поэзии фигуры Дм. Воденникова, «романтического поэта в современных условиях; мир, выстраиваемый им, несмотря на свою фрагментарность и кажущуюся бессвязность, целостен».[3] У него, как и у многих других, обращение к собственной биографии направлено скорее на сопоставление себя с миром, определение собственных места и роли в нем. Автобиографизм нужно понимать здесь скорее всего как саморефлексию в контексте непонятных, стремительно меняющихся парадигм окружающей реальности, где эмоциям нет места; «сдвиг координат [...] привел к окончательному отказу от такой трактовки текста, в центре которого непременно находится личность автора, трансцендирующая и себя, и мир».[4]

Эта цитата не противоречит вышесказанному, поскольку в такого рода автобиографизме нет места личностному началу, а всего лишь конфронтация с внешним миром, когда «обращение к автобиографизму может быть просто единственно приемлемым (особенно для постсоветского писателя) выходом: субъективное описание собственной жизни позволяет работать с оптикой и стилем, показывать сюжет как заведомо оправданный и заведомо связный. Сюжетом становится не автобиография, а переосмысление собственной жизни, воспринимаемое как сопротивление безличной и над-человеческой истории».[5]

Множество критических работ по современной поэзии[6] свидетельствует о поиске новых путей в практике последних 10 лет, и наряду с этим о возрастающем интересе к формам и экспрессивным манерам, до недавнего времени дискредитированным, а сегодня способствующим выявлению аффективности как *авторской сентиментальности в опосредованном виде*. В контексте потери значения культурной продукции и девальвации фигуры автора, и одновременно актуализации огромного количества сенсориальных и интеллектуальных стимулов, сегодня,

---

таких трансформаций можно суммировать как деидеологизированность общественной и личной сфер жизни и генерализованное недоверие к большим нарративам и выдвинутым ими ценностям.

[3] Штраус (2007, с. 22).
[4] Житенев (2012, с. 101).
[5] Кукулин (2002b, с. 211).
[6] См., кроме процитированных работ Кукулина и Кузьмина М. Липовецкого, К. Корчагина, см. еще: Голынко-Вольфсон (2012).

больше, чем когда-либо, сложнее увериться не только в правоте собственного высказывания в публичном пространстве, но и в уместности и востребованности этого высказывания. Неслучайно множество значимых для современной культуры поэтов, особенно более молодых, чаще всего ведут разговор как бы обезличено. В творчестве некоторых авторов, дебютировавших в первой половине 1990-х гг., наблюдается интерес к личному высказыванию и аффективности, но проявляется он не напрямую: вектор высказывания направлен от себя, но не о себе, он опосредован, осуществляется через введение одного или даже нескольких альтер-эго, чье видение и чье миропонимание далеко не всегда совпадают с авторскими. Это необходимо для создания определенной атмосферы и передачи определенных чувств без того, чтобы прямо заявлять о себе. В этом – главное отличие новой поэзии от традиционной ролевой, которая подразумевает отождествление (настоящее или мнимое) автора с маской, и в ходе отождествления первый исчезает за вторым; в поэзии, о которой здесь идет речь, голос автора или его присутствие в виде лингвистического или интонационного маркера все же мерцают в тексте. Кроме того, если ролевая поэзия отражает принципиально чужое сознание и чужую биографию, в то время, то здесь постоянно ощущается авторское присутствие.

Современная литература стремится к устранению «непреодолимой пустоты, которую слова сами не в силах победить, навязывая им посредством уловок письма, играющего в пространстве, зримую форму их референций».[7] «Непреодолимую пустоту» здесь следует понять, как бессмысленность и ощущение невостребованности личных переживаний в публичном пространстве.

На фоне социокультурного травматического опыта 1990-х гг. способов преодоления «пустоты» много, в том числе (что касается лирической поэзии) через опыт чужой, исторически и культурно значимый, доказавший свою весомость и так или иначе связанный – напрямую или опосредованно – с личным пространством автора. Другой способ –

---

[7] Ср.: «Каллиграмма устраняет непреодолимую пустоту, которую слова сами не в силах победить, навязывая им посредством уловок письма, играющего в пространстве, зримую форму их референций: искусно расположенные на листе бумаги, знаки призывают извне, через поля, которые они обрисовывают, через раскрой их массы на пустом пространстве страницы, ту самую вещь, о которой говорят. Но взамен видимая форма оказывается изъеденной письмом, словами, - они полностью выработали ее изнутри и, предотвращая ее неподвижное, двойственное, безымянное присутствие, исторгли целую сеть значений, нарекающих ее именем, определяющих ее, закрепляющих в мире дискурсов. Двойная западня; неизбежная ловушка: как вырваться отсюда полету птиц, мимолетной форме цветов, струям дождя?» (Фуко. 1999 с. 20-21).

писать о лицах, явлениях, как бы не связанных с личным опытом, но с которыми у пишущего устанавливается эмпатическая связь. Современные авторы часто обращаются к референтам из прошлого, другого и по сути чуждого им культурного пространства, или к иносказательности, чаще всего через формальные, композиционные или интонационные маркеры. В рассмотренных поэтических практиках использование такого двойного приема порождает гибридное высказывание, где поэтичность выявляется за счет эмоционального накала, но форма, как уже было сказано, тяготеет к прозаической.

Такой дискурс о себе я определяю как «опосредованное самовыражение». Конкретных способов ее манифестаций несколько: Тимофеев обращается к массовой культуре как к доступной системе для расшифровки окружающей реальности через знакомые с детства эстетические штампы. Реабилитация массовой культуры является результатом перераспределения культурных институций, из «миграции» из Европы и их дислоцирования в США (с 1920-1940-х гг.) и пост-колониальном пространстве (с 1950-1960-х гг.)[8], то есть после того, как массовый дискурс стал неотъемлемой частью культуры. С 1960-х гг., когда широкий доступ к культурным институциям в Западной Европе привел к небывалой дифференциации одновременно появляющихся культурных парадигм, значительная их стала тяготеть к менее элитарным моделям культуры, реабилитируя среди прочих и массовые. Сосуществование и накопление разных языков, методов и выразительных моделей приводит к значительным трудностям при попытке осознать окружающую реальность (в том числе собственный интимный внутренний мир) и определить адекватные для себя способы передачи гносеологической сути миров, формирующихся в результате скрещения и взаимопроникновения разнокодированных языков и методов.

В этом контексте массовая эстетика и китч представляют собой своего рода семиотическую упрощенную азбуку для описания сложной и непонятной реальности. Это происходит потому – как замечает Б. Дубин, – что массовая культура принципиально «доступна», в отличие от «апофатического порыва» авангарда.[9]

Один из самых наглядных примеров этой поэтики можно усмотреть в «Джо Дассене» Тимофеева:

---

[8] Дубин (2010a, с. 94).
[9] Дубин (2010b, с. 78). Ср. также у В. Беньямина: «Тесное сплетение зрительского удовольствия, сопереживания с позиций экспертной оценки. Такое сплетение представляет собой важный социальный симптом. Чем сильнее утрата социального значения какого-либо искусства, тем больше [...] расходятся в публике критическая и гедонистическая установка» (Беньямин. 1996, с. 49).

Джо Дассен входил в каждый дом,
Танцевал с каждой домохозяйкой,
Объяснял каждому уставшему мужчине,
Что еще будут золотые времена,
Там, на Елисейских полях.
Он надевал белые штаны и белые туфли,
Распахнутую на груди рубаху,
Выходил из дома рано утром и не возвращался
До самой глубокой ночи, а иногда
Пропадал и по нескольку суток.
Он пел, и пел, и пел, медленно опуская
Все на свои места, все, что готово было обрушиться
И уже накренилось. Он оборачивал бьющиеся
Вещи, вроде женских сердец, в мягкие шарфы
И косынки. И постоянно протирал пыль на
Всех проигрывателях планеты. В перерывах,
Коротких, слишком коротких, он улетал на Лазурный
Берег, и забегал в море, в леопардовых плавках.
А потом наскоро вытирался, выкуривал сигарету
И быстрым шагом направлялся к личному самолету,
Уже повторяя, проминая губами первые строчки,
Которые становились мякотью всепрощения.
А люди включали проигрыватели, телевизоры,
Радиоприемники, и везде он был нужен.
И даже его смерть никто не принял всерьез.
«Пой, - говорили ему, - пой!» И он, медленный,
курчавый, с бакенбардами, приближался
даже из небытия, и упрашивал, упрашивал:
«Положи свое сердце на место, не разбивай его».[10]

Нарочито китчевая и неактуальная эстетика франко-американского певца 1970-х гг. здесь подвергается здесь кардинальному переосмыслению. Лирический герой как бы разделяет сентиментальность иконы поп-музыки, этим якобы принимая наивность, слащавость и заштампованность ее манеры; как ни парадоксально, именно через эти неактуальные референты ведется разговор о ценностях, о которых говорить «от себя» было бы неуместно и которые звучали бы пафосно. Здесь китч облагораживается, становится ключом к интерпретации современной культуры через старомодные штампы, через массовую культуру 1970-х гг.: язык и вообще понятийный аппарат Дассена служит «языком переживания», говорящим не только о себе, но и о его публике; она идентифицирует себя с носителем этого языка, то есть «язык переживания», пропущенный через фильтр массовой культуры, становится речью, которая одновременно обладает индивидуальными характеристиками того, кто про-

---

[10] Тимофеев (2012, с. 22).

износит ее, и является доступной большому количеству слушателей. В этом смысле речевые и эстетические штампы Дассена реактуализируются в виде экспрессии как таковой: «белые штаны и белые туфли, [и] распахнутая на груди рубаха», богемный стиль жизни, свидетельствующий о его исключительности («он улетал на Лазурный / Берег, и забегал в море, в леопардовых плавках. / А потом наскоро вытирался, выкуривал сигарету / И быстрым шагом направлялся к личному самолету»). Одежда и образ жизни Дассена указывают на его инаковость, и вместе с тем воплощают мещанский вкус, что делает фигуру потребителя его музыки «тавтологией самоутверждения»:

> Реципиент «с ходу», «автоматически» (это важно: автоматически, не задумываясь – значит, опять-таки нормально!) опознает и признает предлагаемый ему образец как норму, делаясь в этом акте носителем нормы, нормальным. Он ведет себя как все, хочет быть признан таковым (а не отмечен знаками исключительности – превосходства, отщепенства или какими-то иными) и таковым становиться. Тавтология самоутверждения – антропологический принцип МК [массовой культуры]. МК действует как система, включающая тебя таким, как ты есть, вернее – каким сам хочешь себя видеть.[11]

Таково восприятие публики: сравнение женских сердец с бьющейся вещью («Он оборачивал бьющиеся / Вещи, вроде женских сердец, в мягкие шарфы / И косынки») принадлежит одновременно авторскому голосу и сентиментальному облику Дассена, чья простая, «доступная» (по Дубину) эстетика утешает и даже устраняет бытовые неполадки, то есть его музыка имеет квази-божественные свойства менять ход мещанской и, по сути, неинтересной жизни слушателей.

В свете моей концепции обращение к массовой эстетике 1970-х гг. служит инструментом для создания *поля чувствительности*, допускающего саму возможность проявления чувств и введения эмоционального начала в поэтический дискурс современности, относительно которого уместно говорить об *опосредованности аффективного самовыражения*: определение поля чувствительности делает возможным высказывание о чувствах, это первый шаг к реабилитации темы чувствительности в поэтическом дискурсе. Следующим этапом будет транслирование неактуальной эстетики, со всеми вытекающими, в собственную поэтическую, эстетическую и понятийную систему.

В этой связи неслучайно, что в финале стихотворения образ героя переносится на другой уровень; стихи «И даже его смерть никто не принял всерьез. / 'Пой, - говорили ему, - пой!'» фактически способствуют преодолению самой смерти («И он, медленный, / курчавый, с бакенбардами, приближался / даже из небытия, и упрашивал, упрашивал: /

---

[11] Дубин (2010b, с. 76).

„Положи свое сердце на место, не разбивай его"»). Пафосно-возвышенная концовка соответствует интонации других строк, с которыми ее объединяет метафора сердца как «бьющейся вещи», а также свидетельствует о новой ипостаси героя, ставшего симулякром, чистым образом (без личности и индивидуальности). Маркированность и гротескность превращения Дассена в своего рода языческое божество выявляют голос автора, разоблачают его присутствие в тексте, и слова «Положи свое сердце на место, не разбивай его» ретроспективно связывают авторское «Я» с сентиментальностью предыдущих стихов, которые таким образом, можно рассмотреть как выражение (хотя на языке ему не принадлежащем) чувств самого автора.

С помощью массовой эстетики, с ее сентиментальностью, слащавостью, дешевизной чувств и максимализмом восприятия, можно теперь говорить о собственном внутреннем мире, хотя – как уже отмечалось – скорее опосредованно – о себе, но не от себя, исходя из позиции субъекта, не принимающего упрощенную эстетику, но тем не менее признающего ее актуальность для той среды, в которой он сформировался. Как ни парадоксально этот прием усложняет коммуникацию и превращает дискурс, обращающийся к массовой эстетике, в элитарный: «Если, по Тынянову, обновление литературы происходит за счет маргинальных жанров, выдвигающихся в культурный мейнстрим, то сегодня мы наблюдаем обратное: поэзия переводит конструктивный принцип *массовой* интеллигентской коммуникации в сложную, многослойную и лишенную однозначности – а следовательно, „*миноритарную*" – рефлексию о новой, лишенной цельности и единства субъектности и вытекающих из этого нового самосознания отношениях с миром».[12]

Создание альтернативных версий себя не только на создание альтер-эго, но и на установление дискурсивно-речевого контакта с чужим эстетическим и перцептивным опытом, от которого можно отталкиваться для разработки уже собственного, автономного высказывания. Принятие массовой эстетики подразумевает максимальное отождествление с выраженными чувствами и упрощение «эстетического наслаждения», которое «для большей части людей [...] не отличается в принципе от тех переживаний, которые сопутствуют их повседневной жизни».[13] Инвертируя данное положение, можно сказать, что отождествление происходит не по вектору «репрезентируемое → массовый потребитель», а по противоположному, то есть такого рода отождествление и транспозиция воспринимаемого на собственный конкретный жизненный опыт эстетизирует последний, давая иллюзию, что переживания и чувства глубже и интен-

---

[12] Липовецкий (2017, с. 245; *Курсив автора*).
[13] Ортега-и-Гассет (1991, с. 225).

сивнее, чем на самом деле. В этом процессе реальность становится идеей[14], а не наоборот, быт обывателя теряет свои конкретные черты и становится героическим, хотя бы потому что он – участник признанного и *поэтому* успешного (эстетизированного) жизненного опыта.

«Имплицитное неприятие» этой эстетики автором именно в том и состоит, что описанный процесс развивается в обратном направлении: для него не реальность становится идеей, абстракцией, а идея, неопределенная гипотеза, адаптируется к реальности и в результате неизбежно обедняется, становится бытом. Если Ортега-и-Гассет сопоставляет идею «дегуманизации искусства» с «отвращением к „живым формам"»[15], то переиначивание массового вкуса в описанном ключе обозначает возвращение к ним через массовую эстетику и упрощение категорий, с помощью которых реальность интерпретируется, осознается и в конечном счете постигается.

Здесь главный маркер дистанции между предлагаемой эстетикой и авторской позицией – ирония: система тотального отождествления, характерная для массового дискурса, и присвоение личному опыту черт идеальной реальности принципиально не предполагают никакого иронического отношения, иначе само отождествление и вытекающая отсюда переоценка собственного мира не может иметь место.

За такой писательской стратегией, как мне кажется, кроется попытка вернуть поэзии некое всеобщее значение после художественных практик второй половины XX века, отстаивавших право на автономность без апелляции к каким-либо культурным функциям или референтам. Применение моделей, противоположных «интеллектуальному руслу» в художественно-литературном дискурсе, отчасти свидетельствует о стремлении вырваться из круга искусства умственной рефлексии и самоопределения в сторону более простого, понятного и общедоступного дискурса. Такой язык, конечно, вовсе не направлен на самодостаточную эстетизацию или на выявление той или иной культурной модели, а скорее он понимается как дискурсивная модель, парадигматический образец понятийной речи.

В этом смысле использование чужих (и чуждых) кодов принципиально отличается как от постмодернистского подхода, так и от модальностей художественных течений, отталкивающихся от него: М. Липовецкий видит главные признаки постмодернистской эстетики в гиперреальности и деконструкции модернистского наследия, в автореференциальности письма и в открытой интертекстуальности и, наконец, в отказе от нарра-

---

[14] Ортега-и-Гассет (1991, с. 247).
[15] Ортега-и-Гассет (1991, с. 251).

тивных линий и реалистического правдоподобия.[16] Рассмотренная здесь линия указывает на еще одно отличие части современной культуры от концептуалистского подхода и вообще от литературного дискурса в России с послевоенной поры до, по крайней мере, конца 1980-х гг.: множество ярких явлений этого периода как раз стремилось к эстетической и/или дискурсивной новизне, к преодолению уже пройденных этапов. Немалая доля русскоязычной (и не только) поэзии последних полутора десятилетий, наоборот, стремится к реперсонализации литературного дискурса, и прежде всего – к реперсонализации дискурса о субъекте, что приводит к отвлечению внимания от чисто конструктивных и формальных моментов или – лучше сказать – к реконтекстуализации таких моментов для выявления обозначенной тематики.

У Тимофеева апелляция к чуждому автору культурному коду обусловлена прежде всего попыткой постигнуть и осмыслить уже существующую, до-авторскую реальность. Лирический герой в ней – скорее наблюдатель. В отличие от ситуации постмодернизма, здесь он скорее гость, чем создатель[17], и выполняет функцию интерпретатора культурных веяний, приходящих извне, прежде всего для себя самого. Прежняя нарочитая неопределенность заменяется сегодня своего рода метонимической, упрощенной репрезентацией вчерашнего.

Параллельно лирический герой (субъект) создает фиктивных альтер-эго, тоскующих по простым и непосредственным эмоциям, позволяющим «просто» быть счастливым, пусть и «чужим», заемным счастьем. Простота здесь интерпретируется как непосредственность восприятия и, следовательно, как прямота и чистосердечность. Перефразируя Беньямина, для массового слушателя Дассена, как и для его проекции на лирическое «Я», производство (индустрия, создавшая образ Дассена) и позволяет почувствовать «субстанцию» этих чувств в силу простого и непосредственного выражения, то есть в силу его перевода на язык массового слушателя, что парадоксальным образом в свете концепции Беньямина, адаптированной к современной ситуации, способствует воссозданию «ауры» художественной фантазии и через нее реактуализации аффективности. Массовое искусство становится для массового же потребителя фильтром, средством, проецирующим (и одновременно воплощающим) чувства на реальную жизнь. Здесь не важно, что они чужие, опосредованные, а важно, что они всплывают хоть в ка-

---

[16] Lipovetsky (2015, с. 146-147).
[17] Липовецкий говорит о постмодернистском авторе, как о «creator and character of cultural mythologies» (Lipovetsky. 2015, с. 146).

кой-то форме, как ритуал[18], уже не сакральный, а чисто эстетический, притом отсылающий к низовой, упрощенной эстетике.

В контексте современной поэзии эти механизмы важны не сами по себе, не как выражение того или иного душевного состояния, а скорее как элементы, снабжающие понятийным арсеналом. В этом смысле лирическое «Я» и массовый слушатель Дассена совпадают в сентиментальности восприятия, но для каждого из них это происходит по-разному: для лирического «Я» эта чувствительность вторична, опосредована, она усваивается через перевод культурного кода прошлого (понятийного, эстетически маркированного языка-2, не авторского) на язык-1 (выражающий авторские понятийные и эстетические позиции); перевод, адаптация к культурному коду реципиента (автора), обусловлен его же желанием чувствовать «просто». Тимофеев намеренно упрощает свои восприятие и эмоциональный диапазон, редуцируя их до спектра предлагаемых массовой культурой возможностей, и затем – уже аллюзивно – говорит о собственной аффективной сфере.

Это смещение приводит к де-иерархизации и нивелированию культурных манифестаций, но «Джо Дассен» позволяет говорить еще и о новой иерархии, в которой низовые элементы выступают единственными доступными передатчиками чувствительности. Переосмысление идей Беньямина и инвертирование некоторых его постулатов обусловлены иным восприятием реципиента. Для немецкого философа «*когда мерило подлинности перестает работать в процессе создания произведений искусства, преображается вся социальная функция искусства. Место ритуального основания занимает другая практическая деятельность: политическая*»[19], а для современников понятие «политика» окончательно и безвозвратно потеряло тот высокий статус, который придавал ему Беньямин: в рассмотренных здесь примерах роль политики сводится к способам интерпретации окружающего мира и себя в нем.

---

[18] Ср.: «Единственность произведения искусства тождественна его впаянности в непрерывность традиции. В то же время сама эта традиция - явление вполне живое и чрезвычайно подвижное. Например, античная статуя Венеры существовала для греков, для которых она была предметом поклонения, в ином традиционном контексте, чем для средневековых клерикалов, которые видели в ней ужасного идола. Что было в равной степени значимо и для тех, и для других, так это ее единственность, иначе говоря: ее аура […] *уникальная ценность „подлинного" произведения искусства основывается на ритуале, в котором оно находило свое изначальное и первое применение. Эта основа может быть многократно опосредована, однако и в самых профанных формах служения красоте она проглядывает как секуляризованный ритуал*» (Беньямин. 1996, с. 25-27; *Курсив автора*).

[19] Беньямин (1996, с. 28; *Курсив автора*).

Такие же дислокация и переиначивание неактуальных для современного автора эстетических позиций встречаются у А. Сен-Сенькова, например, в «Любимом певце моей мамы», где кажущиеся противоречащими друг другу мысли в начале и в конце произведения являются результатом смещения эстетического фокуса, с отсылкой на Джо Дассена и на стихотворение С. Тимофеева.

> вот семидесятые
> вот мама с ее ужасным вкусом
>
> вот год назад женщина роется в кошельке
> чтобы набрать сто рублей
> и купить старый запиленный
> плохо
> ужасно
> записанный советский винил
>
> вот ты перечитываешь
> стихотворение своего рижского друга
> про джо дассена
> и его леопардовые плавки
>
> вот он уже в твоем mp3 плеере
>
> вот уже ты вообще ничего не слушаешь
> кроме джо дассена
>
> вот греческий остров закинтос
> идет дождь
> ты сидишь под дождем на пустом пляже
> джо дассен
> конечно джо дассен в наушниках
> черные проводки
> текут по щекам вместе с каплями дождя
> как слезы
>
> привет мама
> ты никогда не читаешь мои стихотворения
> у тебя классный вкус.[20]

Замена негативного (в начале) позитивным (в финале) достигается через те же «простые» чувства, вызванные параллелью между женщиной, роющейся «в кошельке / чтобы набрать сто рублей» и матерью, а также образом дождливого дня на закинтосском пляже, где клишированный образ дождя и слез, текущих при виде моря, обнаруживает авторское присутствие. У Сен-Сенькова штампы реактуализируются в результате переноса чувств близких (матери) на себя, что и объясняет превращение

---

[20] Сен-Сеньков (2018b, с. 26).

«ужасного» вкуса в «классный», а также принятие чужого пафоса для выявления и для осознания собственной аффективности.

Еще одна отсылка к массовой культуре фигурирует в стихотворении А. Пунте «Джеки Чан», его герои вечно молодые, «как в популярной культуре 1970-х гг.».[21] Текст с самого начала обращает на себя внимание подчеркнуто повествовательной интонацией, которая становится еще очевиднее в результате повтора своего рода припева среди прозаических фрагментов. Текст формально и стилистически отличается прозаичностью и непоэтичностью, тем не менее он публикуется среди остальных стихотворений автора. Стихотворная составляющая этого текста состоит из четверостишия с одной единственной и кажущейся случайной рифмой, к тому же его «слова не очень отвечают сути, и другой рифмы на Чан мы так и не придумали».[22]

> Джеки Чан – пьяный мастер,
> пьяный мастер Джеки Чан.
> Враг пришел и в одночасье
> нашинкован как кочан.[23]

В центре этого текста не столько герой популярных боевиков, сколько неформальное сообщество его имени, состоящее из поклонников актера, которые проводят дни за просмотром фильмов. Фигура Джеки Чана, как и Джо Дассена, отсылает к старомодной и неизысканной эстетике. Так же, как у С. Тимофеева, она вводится в повествование с явной симпатией, как часть собственного опыта и формации и как реактуализация не только чужой эстетики, но и референт, отсылающий к конкретной (суб)культуре. Текст имплицитно (структурно) и эксплицитно (содержательно) раскрывает традиционное для литературной и художественной эстетики противопоставление искусства и быта, в пользу последнего. В «Джеки Чане...» эта тема дублируется, проявляется двояко на уровне темы и структуры, колеблется между графоманскими стихами лирического героя-члена неформального сообщества и дневниковой записью. Именно эстетическая «шершавость» и двойной план восприятия позволяют говорить об антилиричности. Авторское присутствие проявляется в

---

[21] Ср. у Д. Ларионова: «Как и Сергей Тимофеев, и Семён Ханин, Пунте обращается к описанию повседневности, состоящей из разного рода тусовок, работ, нелепых случаев и внезапных размышлений. Преодолевая социальные и возрастные границы, герой Пунте остаётся вечно юным, что, кажется, не ощущается как проблема (как это было в поп-культуре семидесятых), но, наоборот, оказывается преимуществом». (Ларионов. 2013, с. 235).

[22] Пунте (2013, с. 100).

[23] Пунте (2013, с. 100).

выборе фигуры Чана, а также бытовой и якобы неинтересной тематики – повествовании о буднях неформального сообщества.

Для эстетики «Орбиты» бытовые детали играют важную роль, что еще раз говорит о стремлении к упрощению референтов и рецепции с целью передать «простые» эмоции как можно более доступным образом, как это часто встречается у Тимофеева:

> Я хочу рассказать тебе простые истины,
> Открыть тебе важные вещи.
> Всегда открывай двери, входи в лифты,
> Поднимайся на этажи, проходи по коридорам.
> Всегда садись в машины, заводи двигатель,
> Если зима, подожди, пока он прогреется.
> Всегда трать деньги, но понемногу,
> И только изредка трать всё, что под рукой.
> Летом будет лето, осенью будет осень,
> Не тушуйся, не делай ничего, от чего тебе тошно.
> Девочки станут девушками, а потом ты заметишь
> Их, переходящих улицу за руку с малышами.
> Мужчины будут хмуро прикидывать возможности,
> А потом действовать по обстановке и часто ошибаться.[24]

Отправная точка дальнейшего развертывания сюжета – «простые истины», с которыми автор может идентифицировать себя. Массовые культура и эстетика, с их языковыми и ноуменальными категориями, поддаются осмыслению легче, чем другие, что позволяет перевести их на феноменологический, доступный (для себя в первую очередь) язык, в случае которого упрощение понятийного аппарата приводит к упрощению выразительных средств; именно такого рода упрощение позволяет говорить от себя. Это маркирует еще одну разницу с поэтиками недавнего прошлого, простой, банализированный облик которых скрывал целый ряд концептуальных и тематических, вненаходящихся инстанций. Поэзия недавнего прошлого опиралась на инстанции внележащие, выраженные «бытовыми» понятиями.[25] Тематически поэзия Тимофеева исследует «простые истины»; именно такая концептуальная простота приводит к выработке языка, пригодного для выражения окружающего мира.

Кроме того, массовая культура и ее модели обращены «к ценностям стабильности, в этом ее моральность [...], ее 'укрепляющая' функция»[26]; здесь происходит очень тонкая игра с (само)идентичностью, по ходу ко-

---

[24] Тимофеев (2012, с. 4).
[25] Ср., напр.: «Поэзия это такое состояние языка, которое в своей работе постоянно превосходит актуальный порядок „истины"» (Ямпольский. 2015, с. 230).
[26] Дубин (2010b, с. 79).

торой авторское «Я» переносится на другого субъекта, изначально отличного от субъекта-1, но фактически заменяющего его.

> Искусство французского кино
> Подразумевает автомобиль, разговор на солнце,
> Сломанную, как печенье, судьбу,
> Встречу мужчины с не его женщиной,
> А потом с женщиной, которая курит натощак.
> Должно быть еще много моментов,
> От которых таблетка против головной боли
> Может раствориться прямо в воздухе.
> А в финале, когда у всех появляется какой-то шанс,
> Посылают мальчика за вином, а он всё
> Тратит на конфетти.[27]

Эстетика «Новой волны» (Nouvelle vague) представляет собой прежде всего интимный дневник поколения, для которого этот язык противоположен документальности и социальной направленности предыдущей «волны» ангажированного постколониального французского кино. Именно личностное начало, субъективность высказываний и восприятий, неоднозначность и «оспоримость» точек зрения режиссера и персонажей и их эстетических позиций становятся актуальными для Тимофеева элементами, выраженными в доступной форме.[28]

> В большой степени это [Тимофеева] – поэзия, состоящая из своего рода карнаповских «протокольных предложений», и в этом смысле она, конечно, наследует линии, заданной американскими объективистами (Луис Зукофски, Чарльз Резникофф): поэтический текст не выражает переживания или внутренний мир поэта (хотя иногда так может показаться), но «артикулирует определённый порядок, который и задаёт эстетику стихотворения».[29]

Замечания Н. Сунгатова требуют уточнения в том смысле, что «переживания и внутренний мир поэта», безусловно, выражены, но иносказательно, опосредованно, ведь китч, это – «употребление (Verwertung) [чужих] фантазий теми, у кого никогда не было фантазий».[30] Здесь Тимофеев возвышает низкие жанры, которые передают избитость мещанского быта, этим облагораживая исходную эстетику, что позволяет говорить о собственной

---

[27] Тимофеев (2014, с. 38).
[28] Кинематографичность и кино как искусство играют очень существенную роль в поэтической системе Тимофеева в целом (см. в качестве примера: Кукулин. 2002d).
[29] Сунгатов (2015).
[30] Цит. в: Mecacci (2014, с. 68). «il Kitsch è lo sfruttamento (Verwertung) di fantasie da parte di coloro che non ne hanno mai avuta una». Все переводы из этой книги выполнены мной [М.М.].

аффективности уже не заранее готовыми формулами, приходящими извне и принимающимися а-критично и «стандартизировано».[31]

С. Ханин в большей степени, чем Тимофеев, фокусирует поэтическое внимание на выразительном потенциале самого языка, адаптируя с этой целью поставангардную традицию второй половины XX века (прежде всего Вс. Некрасова и концептуализм) к духу современности. Таким образом, прямое высказывание оборачивается опосредованным и заменяется порой у Ханина специфической речью лирического героя и невидимых фигур, проявляющихся исключительно через деконтекстуализированные реплики и комментарии:

зачем я так кричал, что я электрик
ведь не электрик я

что на меня нашло

показывал руками на розетки
и льнул к щитку, и счетчик обнимал

никто не верит

вот справки, видите, вот документы
из всех карманов провода торчат

молчат и смотрят

да в пять минут замкну любые клеммы
не остановишь как начну паять

что вы за люди

качают головой с сомненьем
ты нам не нужен, говорят

нам бы электрика[32]

Здесь у Ханина повседневный, по сути лишенный коммуникативной функции язык заменяет рефлексию о себе. В данном случае реплики, кажущиеся случайными, свидетельствуют о взаимоотношениях лирического героя с окружающим миром, о его переживаниях: в частности, второй,

---

[31] С этой точки зрения понятие «стандартизация» касается не только и не столько массовой музыки как коммерческого продукта, сколько восприятия публики, этим продуктом вызванного, то есть оно выявлено на уровне рецепции продукта, а не как его имманентное свойство. (Mesacci. 2014, с. 93).
[32] Ханин (2013, с. 17).

третий и четвертый дистихи передают торопливую и беспокойную интонацию, усиленную гротескностью «любовных» отношений с орудиями труда («льнул к щитку», «счетчик обнимал»), что на фоне холодных констатаций последующих за каждым дистихом, свидетельствует о психологическом дискомфорте. Обстановка здесь вновь подчеркнуто бытовая, но ощущение замкнутого пространства и пафосная театрализованность позволяют смотреть на происходящее под другим углом зрения – как на представление на сцене, где повседневность метонимически разрастается до универсального дискурса. Диалогичность стихов, легкость интонации и темы, смешное положение говорящего – казалось бы – снимают пафос, а на самом деле прибавляют аффективности. В отличие от предыдущих литературных течений, в этом письме личные эмоции героев стихов проявляются через речевые особенности каждого из них; речь здесь носит характер психологической подсказки, а не метадискурса.

Поэтическая система С. Ханина состоит из неочевидных сломов, касающихся прежде всего индивидуума – в более или менее скрытой форме – и мироздания. Это – стихи широкого охвата, в которых повествуется только о том, что известно и составляет мир лирического «Я».

> я ехал на велике, который спёрли потом
> с подружкой, с которой мы через год расстались
> по улице, которую всю перестроили
> в кафе – его просто потом закрыли
>
> мы беспечно болтали, то языком, то ногами
>
> на месте этого кафе теперь пиццерия
> я даже захожу туда
> заказываю себе пиццу с четырьмя сырами
> мне приносят её и разрезы на пицце
> напоминают мне велосипедные спицы
>
> вот так, спицы – пиццы
>
> но сейчас, когда я ехал на велике
> со своей милой подружкой
> по всем известной улице
> в наше любимое кафе
> я ведь совсем не думал, что каждым нажимом педали
> я тоже подталкивал этот мир к энтропии и хаосу
>
> хотя пицца оказалась вполне себе ничего[33]

---

[33] Ханин (2017, с. 158).

Неожиданное упоминание энтропии и хаоса на фоне подчеркнуто бытовых сцен и личных воспоминаний переводит дискурс о частном на всеобщий и заставляет увидеть описанное с другой точки зрения: банальное на первый взгляд повествование об украденном велосипеде, о разрыве с девушкой, о перестройке улицы и т.д. переосмысляется как этапы постепенной потери и поэтапного разрушения идентичности через исчезновение мест и репрезентируемой ими памяти.

Структурно и синтаксически построение стихов выражает тот или иной контекст, функциональный для интерпретации текста: единственные рифмующиеся слова, как и роль им отведенная, позволяют перенести тему стихотворения с частного плана во всеобщий: округлость пиццы и связанный с ней образ крутящегося колеса («велосипедные спицы») отсылают к философской идее о вечном возвращении, гераклитовом πάντα ρεῖ, в конечном счете о мироздании как таковом. Переход из измерения в измерение осуществляется в поэтическом мире Ханина через перевод с одной (понятийно и выразительно упрощенной) системы на другую, или как разговор на двух разных с точки зрения семантики или семиотики языках, повествующих об одном и том же.

В поэтической системе Ханина конститутивная неопределенность играет центральную роль именно как элемент, допускающий множество сосуществующих интерпретаций. Это письмо стремится прежде всего к непосредственному, интуитивному восприятию, возникающему в результате языковых, стилистических и интонационных сдвигов и колебаний. Образы и даже тема стихов порой неясны, что сосредотачивает внимание на экспрессивных модальностях и вербальных сочетаниях, в результате чего поэтическое письмо превращается в эстетическое созерцание языков героев и описанных ими ситуаций.

Несмотря на легкость стиховой конструкции и на преобладание верлибра, с композиционной точки зрения поэзия Ханина тщательно структурирована, как доказывает целый ряд текстов, в которых наличие или отсутствие рифмы, фонетических и даже визуальных составляющих играют значительную роль для дефиниции смысла произведения в целом.

поскольку нужны были детали
и дети деталей
незатейливо но деятельно
стали делать детей
главным образом отливать в металле

но отдельные деятели
изготовленье деталей
заботливо продлевали

> до отлива
> столь мало выраженного в этой местности
> незаметного даже в дельте[34]

При строгой, аллитерирующей рифмовке выделяются последние три стиха, которые – казалось бы – выпадают из общей звуковой схемы, но при внимательном анализе стих «до отлива» визуально рифмуется со словом «отливать» в конце первой строфы, и финальный дистих читается как единый стих, последнее слово которого созвучно первому в этой же строфе («в дельте» ← «отдельные). Структурные особенности этого стихотворения парадигматичны по отношению к поэтической и аллюзивной системе в поэзии Ханина, требующей активного усилия для разгадки и понимания скрытых в тексте элементов. Как мне представляется, именно принципиальная и конститутивная интерпретационная неопределенность является отражением неоднозначности восприятия себя-субъекта в отношении к окружающему миру и его ценностям.

---

[34] Ханин (2013, с. 52).

Глава III, или о романтике, документальном письме и нарушениях

Переосмысление китчевого и массового начал нацелено на апроприацию чужой, но потенциально близкой эстетической и аксиологической системы. Одной из главных черт массовой эстетики, безусловно, является громкое и демонстративное использование романтических клише. Если обратиться к предшествующей культурной парадигме, то можно вспомнить У. Эко, который сравнил «постмодернистский подход» с влюбленным, который не может сказать начитанной возлюбленной «Я тебя безумно люблю», поскольку, эти слова «принадлежат» словарю писательницы Лиалы. Он может только ссылаться на нее: «как бы сказала Лиала, я тебя безумно люблю».[1] Несмотря на то, что современный писатель оперирует в другом контексте, груз метаязыков остается тем же; однако это не исключает попыток вырваться из порочного круга метанарратива, дефинируя язык, если не свой, то по крайней мере помогающий выражению «своего», пусть не без помощи «патетики»[2] и из нее вытекающей трансценденции[3], переиначенной в духе персонажей не (всегда) совпадающих с позицией автора или лирического «Я».

---

[1] Ср: «Но наступает предел, когда авангарду (модернизму) дальше идти некуда, поскольку он пришел к созданию метаязыка, описывающего невозможные тексты (что есть концептуальное искусство). Постмодернизм – это ответ модернизму: раз уж прошлое невозможно уничтожить, ибо его уничтожение ведет к немоте, его нужно переосмыслить, иронично, без наивности. Постмодернистская позиция напоминает мне положение человека, влюбленного в очень образованную женщину. Он понимает, что не может сказать ей „люблю тебя безумно", потому что понимает, что она понимает (а она понимает, что он понимает), что подобные фразы - прерогатива Лиалы. Однако выход есть. Он должен сказать: „По выражению Лиалы - люблю тебя безумно". При этом он избегает деланной простоты и прямо показывает ей, что не имеет возможности говорить по-простому; и тем не менее он доводит до ее сведения то, что собирался довести, – то есть что он любит ее, но что его любовь живет в эпоху утраченной простоты. Если женщина готова играть в ту же игру, она поймет, что объяснение в любви осталось объяснением в любви. Ни одному из собеседников простота не дается, оба выдерживают натиск прошлого, натиск всего до-них-сказанного, от которого уже никуда не денешься, оба сознательно и охотно вступают в игру иронии... И все-таки им удалось еще раз поговорить о любви» (Эко. 2003, с. 76-78).

[2] Ср.: «Первое следствие, к которому приводит уход искусства в самое себя – это утрата всякой патетики» (Ортега-и-Гассет. 1991, с. 254). Искусство, «уходящее в самое себя» должно пониматься, как интеллектуальное, противоположное – в данном контексте – массовому.

[3] Ортега-и-Гассет (1991, с. 258).

В творчестве Тимофеева романтика приобретает черты специфического, иносказательного сообщения.

> Интонация стихов Тимофеева [...] неторопливая, спокойная, уверенная в своём приватном существовании. Поэт прогуливается по городу, наблюдает и сочиняет разные истории. Или вспоминает их. Поэт – горожанин, бюргер, буржуа. Ничего плохого в этом определении нет, наоборот [...] Для поэта быть буржуа – значит иметь вполне определенную точку наблюдения жизни и размышления о ней.[4]

Рига и ее топография – одна из основополагающих тем его поэзии (как впрочем, и многих других рижских авторов, таких как С. Ханин и А. Левкин), но чаще всего город фигурирует не только и не столько в своей современной ипостаси, сколько как проекция прошлого, некоего сентиментального времени, актуализированного благодаря воспоминаниям и личным ассоциациям. «Čaka ielas meitenes» обрисовывает контуры старой Риги, уходящей, романтически окрашенной[5], где чужое лирическое начало становится эмоциональным ключом к пониманию стихотворения как личного пространства. Это – своего рода «интимная экскурсия» по местам, которых уже нет. «Прошлое пробивается сквозь плоскость настоящего, образуя в ней отверстия, сквозь которые утекает *серое море, зеленая вода*»[6]: такова неуловимая и одновременно конкретная аффективность лирического субъекта Тимофеева, переданная глазами героев.

В этом и в других (например, «Мужчина с женщиной») текстах городская атмосфера передана через подчеркнуто маргинальные фигуры (проституток в «Čaka ielas meitenes», бездомных во «Встрече»), то есть, через не конвенциональную точку зрения тех, кто живет не только в городе, но и городом. Маргинальность здесь позволяет говорить о «простых», непосредственных чувствах «чистых духом», реабилитирующих понятие романтики. Так же просты и непосредственны эмоции влюбленных – впрочем, вполне узнаваемых, – которые превращают черты физического пространства города в фантастическое зрелище:

> Романтика! Романтика! Вбежали они на пароход,
> А пароход дал гудок и превратился в поезд, они хвать
> За стоп-кран, а это пробка от шампанского, пузырьки
> По руке, словно под водой плывут, и тут приходит
> Главный капитан и говорит: «Я изучил седые скалы
> Надтреснутых хрущевок...» Наверное, патефон проглотил,
> Вот и рокочет теперь, бормочет. Ну, не долго они там были,
> Побежали целоваться, бегут целуются, удивительные глаза

---

[4] Кобрин (2015).
[5] Термин «романтика» здесь, конечно, следует понимать исключительно как совокупность возвышающих человека эмоций, а не как определенную традицию.
[6] Львовский (2003, с. 461. *Курсив автора*).

Глава III, или о романтике, документальном письме и нарушениях

У них. Романтика! Романтика! Прибегают в огромный город,
Стоит дом, а под ним канава, а в канаве работает такое радио,
И по радио говорят: «Мы перекрыли все каналы связи, мы
Обложили дёгтем магистрали и по канализации пустили
Золотые реки!» Ну, дела. Бросили они в канаву пятьсот спичек
И побежали дальше. А им навстречу птицы низким полетом,
Виноградник на ходу вьёт вокруг них вензеля, мир густым басом
Поёт, мычит. Роскошно движется земля, лижет их ветер,
Как лондонский котенок. Да, нашли они потом огниво,
И неохватный клад с большой орешек, и постелили себе
Каштановое дерево, и спать легли, устали от любви,
Мужчина с женщиной, рижанин и москвичка.[7]

Текст содержит множество элементов, которые обращают внимание читателя на те или иные подтексты; в этом отношении примечательна структура стиха последовательного верлибриста Тимофеева, рассыпающего «метрические указания» в текстах, где речь идет о наиболее интимных переживаниях. Таким образом, в «Мужчине с женщиной» прослеживается относительная, но все же ощутимая урегулированность в виде ямбической структуры начала[8] и конца[9], в то время как в «Čaka ielas meitenes» метрическая упорядоченность не так явна, но во многих строках улавливается маркированная тенденция к трехсложным стопам.[10] Эти «метрические вторжения» свидетельствуют о том, что эта поэзия создает собственный язык с явной опорой на традицию, пусть в сильно трансформированном виде.

Пригов, как теоретик и практик концептуализма, выделил четыре «проекта-этапа» в эволюции истории культуры («Возрожденческий», «Просвещенческий», «Романтический» и «Авангардный»[11]), последний из которых завершается как раз концептуализмом. Современная лите-

---

[7] Тимофеев (2012, с. 48). Этот текст не только реабилитирует «почти забытые» в литературном обиходе слова, но и свидетельствует об интересе к подобию метрической упорядоченности, по крайней мере в начальных и финальных строках, явно тяготеющих к ямбической структуре, и во многих центральных, с заметным хореическим ходом.

[8] Ср.: «Романтика! Романтика! Вбежали они на пароход, / А пароход дал гудок и превратился в поезд, они хвать» (Тимофеев. 2012, с. 48), первый стих – чистый 8-стопный ямб, второй с явным ямбическим ходом.

[9] Ср.: «И неохватный клад с большой орешек, и постелили себе / Каштановое дерево, и спать легли, устали от любви, / Мужчина с женщиной, рижанин и москвичка» (Тимофеев. 2012, с. 48), первый стих начинается с 5-стопного ямба, который нарушается, в то время как последний дистих состоит из двух точных ямбов, соответственно 9-стопного и 6-стопного.

[10] Тимофеев (2012, с. 40, 42).

[11] Липовецкий / Кукулин (2014, с. 88-89).

ратура и в частности линия, которую мы здесь прослеживаем, инвертирует описанный Приговым вектор, движется назад к романтизму, но не как к культурной, явно анахронической парадигме, а как к референту, способствующему выражению «своего» и себя. Это свидетельствует о желании реабилитировать темы и понятия, до недавнего времени считавшиеся признаками ушедшей эстетики; как ни парадоксально, именно такая позиция оказывается продуктивной для разработки собственной выразительной системы («ре-индивидуализация» у Кузьмина[12]).

Как и для Тимофеева, для Сен-Сенькова обращение к субкультурам также оказывается продуктивным способом высказывания о самом себе через маргинализованные фигуры, носителей неожиданной и не конвенциональной точки зрения.

> голландский художник из-за проблем с руками
> рисует только очень простые фигурки
> придумывает девочку-кролика миффи
> у которой ротик-крестик
> культовое существо для фанатов аниме в утрехте ей даже ставят памятник.[13]

Здесь представлен тот же арсенал: «*простые* фигурки», аниме и т.д., но поэтическая система у Сен-Сенькова крайне разветвлена, она состоит из множества одновременно существующих, равноправных реальностей, скрывающихся за самой очевидной, что служит автору отправной точкой для дальнейшего анализа, касающегося не до конца узнаваемого, но ощутимого поэтического универсума. Наглядный пример обращения к маргинализованным элементам представляет собой стихотворение «Джужит Скотт трогала своими руками свои гены», посвященное американской художнице, чья биография, переданная неким бесстрастным автором, идеально подходит к поэтической и эстетической системе Сен-Сенькова; его голос «вкрапливается» в каждую строфу, кроме одной, как поэтический комментарий к жизнеописанию. Получившиеся таким образом картины – результат совмещения сразу трех элементов: биографии Джудит Скотт, авторского комментирования и художественного и внутреннего мира самой Скотт. Здесь ведется диалог именно с этими составляющими ее мира; осторожный заход туда обозначен сменой документально-журналистского регистра словами, девуалирующими личные переживания автора:

> на ее ретроспективе в токио
> работы висели на прозрачных нитях
> в прозрачных стеклянных комнатах
> сорок седьмыми нарядно одетыми хромосомами

---

[12] См. с. 4.
[13] Сен-Сеньков (2018b, с. 66).

> в бесстыдно голом кариотипе
> не туда растущего человечка[14]

Образ «нарядно одетых хромосом», как и противоположный по регистру «кариотип», обличают присутствие автора в тексте, до того оставававшееся незамеченным; соучастие, с которым говорится о наряженных для праздника девочках, указывает на специфический эмоциональный накал, опять же, опосредованно выявленный через чужую жизнь и чужой опыт.

> штайнер писал:
> в людях с синдромом дауна
> завершено построение морального тела[15]

Здесь нет прямого авторского голоса, эти слова представлены как цитата, но в данном контексте она не подвергается переосмыслению, характерному для апроприации у конкретистов, концептуалистов и др. Наличие чужих слов в поэтическом пространстве Сен-Сенькова свидетельствует о принятии автором мысли, изложенной им в кажущейся отвлеченной и безучастной повествовательной манере. Это определяет *поле чувствительности* и позволяет интерпретировать ощутимую в тексте аффективность как элемент, частично относящийся к самому автору, который «разделяет» чувства и эмоции говорящих в своих стихах. Это отчасти происходит от того, что «комбинация [...] своего и чужого видения и позволяет увидеть себя смотрящим»[16], то есть репрезентация чужих взгляда и мнения в какой-то степени позволяет не только говорить о себе, но еще и анализировать себя и интимную сферу своих чувств, опять же, без того, чтобы говорить об этом прямо.

В творчестве Сен-Сенькова последних лет фигура Скотт мне представляется одной из самых репрезентативных в том, что касается отношений автора с его персонажами. Необычная для него длина текста свидетельствует о развернутом сюжете, который – в отличие от большинства авторских произведений – здесь не принимает вид цикла. «Джудит Скотт трогала своими руками свои гены» занимает специальное место в творчестве автора потому, что в этих стихах отождествление с персонажем заметно больше, чем где-либо.

Здесь два вида авторских «вставок»: первый проявляется в более привычном для Сен-Сенькова виде метафоризации изложенного:

> есть фотография
> где она работает
> над последней в своей жизни скульптурой

---

[14] Сен-Сеньков (2018b, с. 52).
[15] Сен-Сеньков (2018b, с. 53).
[16] Ямпольский (2015, с. 88).

> всем нам смотреть на ее лицо
> всё равно что читать только заголовок
> и никогда то что написано ниже мелким шрифтом[17]

Четвертый, переходный стих соединяет квази-нейтральное, информативное высказывание с поэтической метафорой последнего дистиха, хотя здесь, в отличие от других произведений, переход не обозначен графически. В силу этого третий стих, хоть и относится к метафоре, сначала прочитывается как продолжение первого высказывания.

В других стихотворениях авторские «вставки» улавливаются с бо́льшим трудом потому, что они «камуфлируются» в потоке псевдо-документального биографического повествования: практически в каждой строфе можно отметить тот или иной элемент, который бы свидетельствовал об авторской точке зрения.[18] В данном случае можно говорить об идентификации со Скотт, потому что авторские «вставки» сливаются с голосом рассказчика, то есть «вставки» как бы уточняют никому не ведомые, малозначительные (с точки зрения биографического описания) детали. Джудит Скотт обматывала бытовые предметы нитками, шпагатом, веревкой до того, как они становились неузнаваемыми, теряли свою изначальную форму и превращались в коконы или в абстрактные скульптуры.

> ее работы
> (полторы сотни)
> просвечивали
> рентгеновскими лучами
> обнаруживая странные вещи
> однажды нашли обручальное кольцо
> это напоминает историю с «менинами»
> когда также применив рентген
> выяснили что на ранних этапах
> у фрейлины был длинный нос
> постепенно уменьшавшийся в ходе работы над картиной[19]

Артефакты Скотт представляют собой не репрезентация и не абстракция, а оболочка; «настоящий» объект не виден, и о нем, как правило, даже нельзя догадаться, но он и является первоначальным импульсом к художественному творчеству, ядром искусства художницы.

---

[17] Сен-Сеньков (2018b, с. 54).
[18] Таковы, например, «нарядно» в первой строфе («сорок седьмыми нарядно одетыми хромосомами»), прилагательное «неудобная» во второй («чуть-чуть касаясь / горячего дна неудобной чашки / женского пола»), «лишнее» в четвертой («когда лишнее крыло самолета идет на посадку»), неожиданная и немотивированная смена перспективы в предпоследней строфе, от нейтрального и книжного повествования к «мы» и т.д.
[19] Сен-Сеньков (2018b, с. 53).

> Тайна – первопричина лирической поэзии. Дело поэта не раскрытие тайны, а воспроизведение её в неприкосновенности, чтобы человек, причастный той же тайне, со страхом и восхищением узнал её по твоим словам, как внезапно досказывает собеседник, оборвав твою историю на полуслове, твоё же сновидение.[20]

«Тайна» заставляет читателя активизироваться и принять непосредственное участие в повествовании, что и делает высказывание личным, не только для автора, но и для читателя. Невидимое присутствующее – важный в поэтической системе Сен-Сенькова прием, который позволяет повествовать «о не сбывшемся»; неслучайно praesentia in absentia встречается, например, во многих заголовках[21], или в самом тексте.

На лексическом уровне негация очевидно указывает на стремление описать то, что не до конца понятно или в чем автор не до конца уверен, но также отражает имманентную этой поэзии конденсацию «недосказанностей» и «иносказательностей», равно как и мнимых смысловых метонимий. Это – способ преодоления пустоты (в понимании Фуко[22]), «ощущения современной „нежизни", которая превращает весь мир в „антимир" наяву»[23], то есть в отрицательный вариант непонятной феноменологической вселенной. Подобная репрезентация позволяет определить контуры нового, лирического (лиризованного) мирка автора.

 стихотворение всех победило всех обогнало
 бумагу
 карандаш
 меня
 пальцы

 оно очень было

 мы не смогли догнать

 теперь его нет

 но оно делает круг почета[24]

Парадоксальным образом отсутствие объекта не мешает ему, объекту же, действовать и оставить после себя некий след, свидетельствующий о

---
[20] Гандлевский (1998, с. 13).
[21] В качестве примера приведем лишь несколько: «Книжка, а давай мы не будем тебя читать», «Обычный поздний вечер московского человека, который не любит музыку», «Наверное, хорошо, что у них не бывает детей», «На ужин никто не придет», «Он никому не отдаст этот букет»
[22] Фуко (1999, с. 20-21).
[23] Фатеева (2001, с. 429).
[24] Сен-Сеньков (2018b, с. 32).

витальности. Исчезновение объекта или героя в тексте рассматривается как восхождение в иную сферу, в сферу идей; это приводит к аннуляции смысла текстологического универсума авторского высказывания:

> он снова её прощает
> снова прощает ей всё
> хочет целовать пальцы на ногах
> медленно
> один за другим,
> глубоко вдыхает и почти решается
> стоп говорит себе
> только досчитаю
> до десяти
>
> у нее нет одного мизинца[25]

Образ отсутствующего пальца упраздняет повествование, но не его смысл как авторефлексии. Эта вполне осознанная стратегия парадоксальным образом очерчивает контуры реальности, которая существует в потенции, но не поддается описанию. Дефиницию неосуществимого, невозможного представляет собой своего рода *апофатическая аффирмативность*.

В отличие от пустотных текстов, характерных для авангардной парадигмы, апофатия у Сен-Сенькова касается не столько эстетического аспекта, сколько возможности осмысления и ее артистического воплощения.[26]

В этом отношении апофатия имеет двоякую направленность: с одной стороны она свидетельствует об отсутствии, но с другой стороны в самом тексте повествуется о том, чего нет, он воссоздает это «что-то» как проекцию, воплощающуюся на бумаге. Это – фиксация следа идей, чувства, речевого акта в момент, предшествующий его исчезновению. Апофатические конструкции являются носителями аффирмативности относительной, не номинирующей, а описывающей, необычной эпистемологии невидимого. Лирическое начало чаще всего проявляется в измерении этого невидимого, то есть в сфере эмоций, которые невозможно описать, потому что невозможно перевести их на концепты и схематические определения.

Замена объекта его речевой фиксацией устанавливает параллель с концепцией пустотного текста Г. Сапгира, свидетельствующей как раз о невидимом, но ощутимом наличии; эта тема у Сапгира связана с дискурсом не только о поэтическом слове, но и вообще о невозможности полного, исчерпывающего самовыражения, особенно том случае, когда

---

[25] Сен-Сеньков (2018b, с. 23).
[26] С точки зрения эволюции такого приема важное звено представляет собой творчество Сапгира, соединяющее практику пустотного письма как эстетического и художественного искания и вакуумного письма как способ говорить о невыразимом.

тема касается личной, интимной сферы.²⁷ В творчестве Сен-Сенькова пустотность проявляется на содержательном уровне, но касается самого текста – как речевого акта и одновременно как пространства для создания поэтической реальности.

старушка умирая зовет маму
прилетает мама

старик умирая просто стонет и никого не зовет
прилетает никто

мама и никто
привычно встречаются друг с другом
не здороваются²⁸

Нарушение грамматической конструкции (отрицательное местоимение рядом с глаголом в утвердительной форме), указывает на то, что «никто» является присутствием, невидимым, но ощутимым, вероятно, это отец, который прилетает после того, как его не звали. Почти тождественная структура двух стихов показывает, что «не зовет» здесь – не отрицательная форма глагола, а скорее утвердительная форма глагола «не-звать», который в парадоксальном контексте этой поэзии может быть синонимом, например, «вызывать», или «представлять себе». Это эквивалент осмысляющего отсутствия Р. Барта (le dégre zero [...] c'est une absence qui signifie²⁹), «присутствующее отсутствие», некое одновременно обозначаемое и обозначающее in absentia.

человек-невидимка
через газету брачных объявлений
находит ту самую

пишет ей

получает через неделю ответ

прозрачное письмо

догадывается

---

[27] Ср., напр.: «Памяти отца»: «Под синим небом Вострякова / Белело / Неузнаваемым лицом / То, / Что было / Моим / Отцом». (Сапгир. 1999, I, с. 123). Наряду с «Ириной», это стихотворение – одно из самых интимных в раннем творчестве Сапгира, и мне кажется неслучайным, что именно в такого рода текстах аффирмативность скрывается за отсутствием, свидетельствующим о неопределенном наличии.

[28] Сен-Сеньков (2018b, с. 55).

[29] Barthes (1985, с. 68).

что там всего четыре слова

не хочу тебя видеть[30]

Стих «не хочу тебя видеть» может означать противоположное, учитывая то, что сенсориальный опыт персонажей отличаются от «обычного»: «не видеть» невидимого человека означает то же, что видеть видимого, то есть последний стих можно перевести как «хочу тебя не-видеть», и «не-видеть» указывает на присутствие невидимого человека. Это еще один пример перевода с системы на систему: отрицательная форма – не негация, а скорее корректив понятия, к которому она относится, как доказывает то, что отрицательная форма глагола оказывается продуктивной и смыслопорождающей. Прецедент этого поэтического приема можно усмотреть в «негативном описании» А. Драгомощенко:

> Следует отметить еще одно характерное обстоятельство: использование негативного описания, то есть описания, становящегося из отрицания – «не облаков», «бестенный», «не тронуто громами», «неосязаемом», «бездонный» – и тактика которого позволяет высказать две вещи одновременно, симультанно установить тезис и антитезис, «сшивая не это и не то», и что опять-таки определяет способ, понуждающий образ к мерцанию.[31]

Кроме смыслопорождающей функции, апофатический дискурс позволяет говорить о поиске альтернативных выразительных средств, не содержательных, но прежде всего формальных.

* * *

Творчество Сен-Сенькова, особенно последнего десятилетия, все заметнее тяготеет к документальности, автор широко применяет статьи из газет, энциклопедий и научно-популярных изданий, но без «фрейма документальности».[32] Это осуществляется через сопоставление подчерк-

---

[30] Сен-Сеньков (2018b, с. 33).
[31] Молнар (1988). Несмотря на то, что статья Молнара вышла давно, тот факт, что Драгомощенко перевел ее на русский язык свидетельствует о ее значимости и актуальности для самого русского автора. Такой же мысли придерживается А. Скидан в предисловии к сборнику Драгомощенко «Тавтология»: «Отсюда обилие инверсий и негативных конструкций, позволяющих высказать две вещи разом, одновременно установить тезис и антитезис, а также конструкций, в которых существительные привязаны к родительному падежу» (Драгомощенко. 2011, с. 8)».
[32] Вводя этот термин (принадлежащий Э. Гофману), В. Лехциер уточняет, что «автор должен в тексте или за его пределами просигнализировать читателю о документальной основе произведения. Это могут быть атрибуция используемого источника, графическое выделение фрагментов документа, авторский затекстовый комментарий и т.п. Даже при сильном транспонировании документа связь с

нуто остраненного высказывания, заимствований из разных источников, и авторских слов, якобы комментирующих процитированное. Цитата, как правило, выделяется графически.

В 1985 году швейцарец Вольфганг Айзенбайс, интересовавшийся исследованиями паранормальных явлений, решил организовать необычный шахматный матч: живой шахматист сразится с умершим соперником при помощи медиума.

пешка на пятнадцатисантиметровых каблуках
идет по шахматной доске не глядя под ноги
знает смотреть нельзя
там пропасть

спотыкается
рвет связки
припадает на одно колено
как будто делает предложение
из замужней трещинки которого торчит белая ничья[33]

Напластование экспрессивных модусов отсылает к эстетике китча[34], но в данной поэтике совмещение разных, столь гетерогенных языков служит инструментом для передачи органичной и конститутивной многоплановости, скрывающейся в кажущемся банальным быту. Документальная, журналистская интонация на первый взгляд объективизирует повествование, и действительно нет повода сомневаться в правдивости таких сообщений, как «Над входом в один из белградских ресторанов / висят три шляпы разного цвета»[35]; или «В декабре 2001 года аргентинцы вышли на улицы, / выступая против министра экономики кавалло»[36], но здесь автор применяет подчеркнуто чужой голос для самовыражения и передачи собственного видения, обнаруживая тем самым прежде всего свои эстетические и лирические позиции. Текст строится по монтажному принципу разных источников, апеллирующих к разным языковым, смысловым, жанровым и речевым пластам. Монтажно-сказовый принцип построения подчеркивает антипоэтическую природу письма, поскольку «в современной литературе прозаизация стиха наиболее контрастно отражается в таких характерных явлениях, как свободный стих,

---

документальной основой произведения должна быть автору важна. Фрейм документальности, таким образом, предполагает не только те или иные формальные критерии сами по себе, но прежде всего авторскую интенцию, заданную схему восприятия текста» (Лехциер. 2018; с. 233).

[33] Сен-Сеньков (2018b, с. 94; *Курсив автора*).
[34] Mecacci (2018, с. 18).
[35] Сен-Сеньков (2015, с. 21).
[36] Сен-Сеньков (2015, с. 45).

монтаж стиха и прозы [...] Введение прозаического документа в стихотворный текст осуществлялось поэтами 20-30-х годов разными способами, большинство из которых были подхвачены современной поэзией».[37]

АРГЕНТИНА – СТРАНА, ПОТЕРЯННАЯ В ВОСТОЧНОЙ ЕВРОПЕ

*стихотворение началось с того
что днем я получил грустное письмо от знакомой
у нее адрес mycortazar@mail.ru*

*а ночью опять приснился
мальчик
с которым в роддоме
мы лежали на соседних кроватках
тот самый
что навсегда украл у меня изо рта
серебряную ложечку*[38]

Каждый строфоид, написанный разным шрифтом и выделенный пробелами, функционально и стилистически отличается от других, являя собой завершенное высказывание. Во второй части речь идет о конкретном, не выдуманном человеке, чей адрес электронной почты служит звеном, объединяющим заголовок и лирический фрагмент. В данном случае заглавие носит вполне самостоятельную функцию, как и другие составляющие, чередование которых можно рассматривать как движение от общего к личному. Такой же прием используется в «Запах кофе вальсирует с несуществующим запахом»:

*город вена похож на дерево
в ветвях которого дети построили домик*

*внутри него спрятаны блестящие мальчишечьи сокровища
и карты с подробными маршрутами выдуманных путешествий
секреты спорят по-немецки с тайнами
кто из них меньше и незаметней*

внутрь взрослых не пускают

*внутри него мы
вот-вот скоропостижно родимся*[39]

Крохотные предметы, мелкие существа, уменьшительно-ласкательные формы и суффиксы – конститутивная часть авторского поэтического

---

[37] Орлицкий (2002, с. 303).
[38] Сен-Сеньков (2010, с. 79).
[39] Сен-Сеньков (2015, с. 51).

мир(к)а, чаще всего неуютного и страшного, где «мы / вот-вот скоропостижно родимся», и куда не пускают «внутрь взрослых». Как ни парадоксально, «мы» – те взрослые, которых не пускают, но одновременно мы там «вот-вот [...] родимся». Гармоничное сосуществование противоположностей обусловлено почти незаметным изменением, произошедшим с подсознанием читателя: в начале текст читается как бы отстраненно («город вена похож на дерево / в ветвях которого дети построили домик»), но очень быстро читатель втянут в повествование, он сам становится тем, кто построил домик и не пускает в него взрослых, сам стал маленьким, или по крайней мере меньше, чем был. Поэтому «нас пустили внутрь», именно нас.

В привычных для А. Сен-Сенькова «больших», крайне разветвленных формах, повествовательная тенденция проявляется ярче, чем в других текстах. Это многосоставные произведения, каждая часть которых представляет собой минималистскую «главку» с законченным сюжетом.

В свете повествовательной природы этой поэзии и ее тенденции к прозаизации такие циклы, как «Mr B.» можно рассматривать как переложения в стихах документального источника, в том числе в силу подчеркнуто нейтрального изложения. «Mr B.» представляет собой цикл из 32-х маленьких текстов, длиной от трех до восьми строк, и реконструирует творческую и личную биографию Чета Бейкера, в которой смешаны разные пласты, частично взятые – по всей видимости – из биографий музыканта и выдержанные в нейтральном, безучастном репортажном стиле:

> первое выступление с паркером
> состоялось в лос-анжелесском *tiffany club*
>
> завтракая у тиффани героином
> бейкер впервые замахнувшись глазами на бога
> ударил его по щеке слезой[40]

О тенденции к документальному повествованию свидетельствует изобилие названий, имен, всякого рода деталей, например: «знакомство и дружба с джерри маллиганом / плейбоем и пижоном / говорившем на правильном английском / на kings english / ...»[41], хотя здесь нет выявленной «экспозиции», «выведения документа на свет», которая в документальной поэзии имеет «этическую функцию трансляции свидетельства».[42]

Возвращаясь к природе лирической линии в повествовательной поэзии, творчество Сен-Сенькова позиционирует себя как явление пограничное между документальным и художественным, совмещающее ин-

---

[40] Сен-Сеньков (2018b, с. 165).
[41] Сен-Сеньков (2018b, с. 166).
[42] Лехицер (2018, с. 242).

станции одновременно этические и эстетические, сливающее их в одно целое.[43] Документальность проявляется за счет деталей из жизни Бейкера, создающих ощущение «вескости» и объективности высказывания; нагромождение информации и чрезмерная детализация выполняют сразу две функции: во-первых, это приводит к характерной для современной литературы депоэтизации текста, а во-вторых, создает ощущение хорального высказывания, одновременного звучания разных голосов.

Эти приемы и эта повествовательная манера «камуфлируют» авторский голос, который скрывается в общей массе. Полифония элементов и деталей, которую порождает многоголосье и плюрализм культурных инстанций, снабжает материалом для дальнейшей переработки и наконец-то для субъективно-поэтического высказывания. Биография Чета Бейкера фактически представляет собой «обработанный» вариант текста о жизни музыканта, обогащенный оригинальными замечаниями и неожиданными образами, которые каталогизируются наравне с фактами из жизни или из музыкальной карьеры.

> после того как ему выбивают зубы
> вместо трубы начинает играть на флюгельгорне selmer
> озвучивающем те оскорбления
>
> которые проглатывают не разжевывая
> как горькие таблетки от боли[44]

Здесь понятно, где кончается «биография» и где начинается авторское высказывание, но оно не выделено, поэтому первые два стиха и следующие за ними три образуют одно высказывание, чья функция состоит в совмещении разных языков и мыслей. Читатель определяет границу, отделяющую голоса и семиосферы, благодаря контрастному сопоставлению конкретики («выбитые зубы и флюгельгорн Selmer») и эфемерности образов, или резкому изменению ситуативности и «уходу» от главной темы.

> в драке ему выбивают передние зубы
>
> об этом не забывает написать
> ни один биограф
> как продавец маленькой лавки
> запоминает только тех
> кто расплачивается крупными купюрами[45]

---

[43] Перевод А. Сен-Сеньковым книги «Холокост» Ч. Резникоффа может быть рассмотрен как свидетельство того, что обращение к документальной поэзии и последующая адаптация являются вполне сознательной стратегией.

[44] Сен-Сеньков (2018b, с. 170).

[45] Сен-Сеньков (2018b, с. 170)

Глава III, или о романтике, документальном письме и нарушениях

Эмоциональный накал (аффективность) ощущается там, где «поэтическое видение» переводит «бытовую» сценку на другой уровень; нарративность сужается за счет лаконичной визуализации авторской фантазии. Это частотные для этой поэтики макросимволы, метафоры, разрастающиеся до размера целого текста.

В финальном стихотворении многоголосье редуцируется до одного, уже не фрагментированного голоса, как бы совмещающего в себе все стилевые и экспрессивные контрасты:

> когда он выпал из окна
> амстердам просто перевернулся на другой
> бог[46]

Хотя интонация репортажная, метафорическое представление о городе, перевернувшемся «на другой бок» и замена последнего слова с гомофоническим «богом» создают двойную маркированность, на фоне которой бросается в глаза разрыв стилей и регистров, вплоть до того, что текст целиком начинает восприниматься (уже постфактум, после прочтения его до конца) совершенно иначе.

У Сен-Сенькова диссонансность проявляется в том числе с помощью легких нарушений языкового узуса, нацеленных на привлечение внимания именно неожиданным звучанием или ненормативностью лексических структур. Слегка деформированный язык еле заметно деформирует реальность, превращая нейтральный повествовательный ход в личное видение, порой не без сюрреалистических элементов.

> *мегабайты вагончиков*
> *еле-еле*
> *пластмассово*
> *туда*
> *где у тебя всегда крошечные файлы*[47]

или:

> *маленький умный гастроскоп в шляпке*
> *теперь все увидит*
> *удивится*
> *и все металлически точно запомнит*[48]

Это мир, где формы привычных вещей *немножко* искривляются, где боль и радость воспринимаются *немножко* необычно. Лишь превратившись из «я-читающего» в *немножко* другого, лишь приняв «чужие»

---

[46] Сен-Сеньков (2018b, с. 171).
[47] Сен-Сеньков (2018b, с. 31; *Курсив мой* – М.М.).
[48] Сен-Сеньков (2018b, с. 44; *Курсив мой* – М.М.).

взгляды и языки, можно попасть «внутрь» этой поэзии. А это приводит к стиранию антиномичности типичных для литературного дискурса понятий, таких как «культурное/некультурное», «свое/чужое», «сакральное/профаническое»[49]; это приводит к слиянию различных моделей пространства в одно неделимое.[50] Искривление нормативного ракурса является результатом доведенного до критического предела взгляда на реальные вещи, поскольку «лучший способ преодолеть реализм – довести его до крайности, например взять лупу и рассматривать через нее в микроскопическом плане».[51]

Для этого автора характерны «шероховатости», ненормативные формы и другие проявления лингвистического произвола, который является еще одним инструментом для выявления авторского присутствия в тексте: «мне кажется они до сих пор живы / эти *розовые чуть-чуть* люди».[52] Подобное ненормативное использование языка приводит к двоякому прочтению текста; например словосочетание «чуть-чуть» можно отнести как к предшествующему прилагательному, так и к следующему за ним существительному («розовые чуть-чуть» / «чуть-чуть люди»). Такие примеры легко умножить, обращаясь при этом не только к «шероховатостям», но и к необычным словосочетаниям:

> цикада не поет
> она воет
> вопит от ужаса перед солнцем
> ей жарко больно *нестерпимо жёлто*
> ежедневные ожоги маленького тельца[53]

В языковой практике наречие «нестерпимо» может применяться в качестве усилителя другого наречия (нестерпимо больно, нестерпимо обидно, ...), но формула «нестерпимо желто» остается загадочной, особенно после «жарко» и «больно». Как и в предыдущих примерах, «сдвиги» выполняют функцию маркеров, выявляющих необычную точку зрения, другой взгляд на мир и на тех, кто говорит на языке, немного отличающемся от общепринятого:

> летающие внутри раскрашенного космоса
> скользкие косточки черных астронавтов и космонавтов
> стучат друг о друга теперь по-другому
>
> беззвучно[54]

---

[49] Лотман (1992, с. 142).
[50] Лотман (1992, с. 142).
[51] Ортега-и-Гассет (1991, с. 246).
[52] Сен-Сеньков (2018b, с. 113; *Курсив мой* – М.М.).
[53] Сен-Сеньков (2018b, с. 75; *Курсив мой* – М.М.).

В этих зазорах и виднеется автор, который – объявив о себе – становится сопричастным эмоционально-аффективного высказыванию персонажей. Семантически, грамматически, визуально выделенные фрагменты ознаменовывают внедрение в стихотворение опосредованной лиричности. Таких моментов может быть несколько, часто они проявляются в своеобразной «коде», маркирующей резкое изменение перспективы:

> от него остается
> неизлечимо красивое воспаление легкого
>
> и тяжелого[55]

«Кода» иногда служит прибавочным элементом, выявляющим авторское присутствие с помощью изменения нарративной линейности:

> прошло сорок лет
> ученые рыбки по-прежнему беззвучно умирают
> уплывают по канализационным трубам
> с зашитыми в брюшках
> результатами секретных исследований
>
> на родине их хоронят с почестями
>
> в соленой воде[56]

Прилагательное «соленый» расширяет до того момента создававшийся образ моря как рыбьего рая. Резкая и внезапная смена перспективы раскрывает разные, порой дихотомические черты одного и того же; именно в этих дихотомиях и ощущается авторское «вмешательство» в текст:

> ноготь похож
> на улыбку у которой нет губ
>
> на вырезанный из твердого облака
> елисейскими ножницами
> маникюрный мостик
> с которого прыгают от счастья вниз
>
> и от несчастья тоже
>
> вверх[57]

Белая строка перед последним стихом в данном случае означает не только паузу, но предшествует и готовит смену перспективы. Авторское

---

[54] Сен-Сеньков (2018b, с. 73).
[55] Сен-Сеньков (2018b, с. 43).
[56] Сен-Сеньков (2018b, с. 41).
[57] Сен-Сеньков (2018b, с. 45).

присутствие позволяет говорить о намеренном выявлении эмоционально маркированных аффективных нот.

Чтобы попасть в текстологический лабиринт сменяющихся высказываний, рассеянных интонационных и повествовательных фрактур (составляющих, по М. Ямпольскому, «плоть мира [Сен-Сенькова]»[58]), нужно владеть языками, из которых он состоит; это – коллаж из разных семиотических сфер, которые только авторское «вмешательство» может упорядочить. На первый взгляд перед нами характерный для культурного дискурса «полиглотизм»; однако здесь громче всего звучат голоса предметов, животных и насекомых, населяющих этот «маленький мир маленьких». Его язык порой инвертирует референциальные функции, представляя собой эквивалент эстетизирующего языка примитивистов, дадаистов и лингвистических утопистов. Неоднородность голосов гармонизируется диалогизмом и исключает конфликтность даже тех элементов, которые кажутся поначалу несовместимыми: здесь нет хлебниковского разрушительного «костра человечества», из которого «подымается глупейший ребенок, заплаканный, / утирающийся / – Мировой язык».[59] Таким мировым языком выступает упорядоченность чужих голосов в поэтической системе автора и его власть над словом. Процесс перевода с системы на систему стал основополагающим для Сен-Сенькова тогда, когда он стал заниматься поэтическими переводами.

Язык у Сен-Сенькова – всегда частная речь, своеобразный пиджин каждого из героев – будь они люди, животные или предметы, – которые собственным голосом описывают собственный мир, исходя из собственных же, субъективных и поэтому неоспоримых категорий.

Несмотря на нарративную структуру, а также на частное развертывание сюжета и нагромождение метафор и символов, поэзия Сен-Сенькова прежде всего логоцентрична, но рефлексия здесь приобретает исключительные черты: язык является единственным верным средством для расшифровки слоев и одновременно всплывающих реальностей и голосов:

> сначала забываются местоимения
> потом существительные
> потом глаголы
> от я тебя люблю
> останется люблю
> потом и оно исчезнет
> нет
> напоследок слово начнет вдруг искать
> ближайшие отверстия
> и вползёт в беспамятство

---

[58] Ямпольский (2003, с. 91-92).
[59] Хлебников (2001, с. 77).

> как пограничник в белом маскхалате
> вползает в не принадлежащий ему снег
>
> всё успокоится
> когда в моём замерзающем солдатике
> захрустит последняя
> теплая буква
>
> но она успеет тебя вспомнить[60]

«Пересечение границы длиной с болезнь Альцгеймера» совмещает в себе несколько основополагающих для поэтики А. Сен-Сенькова мотивов: переходную природу сосуществующих реальностей («пересечение границ»), тесную связь между речью как способностью выражать окружающий мир и реальностью, которая речью же создается как личный опыт и в речи же завершается. Следовательно, исчезновение речи приравнено к коррозии феноменологического мира.

Это положение крайне важно для лингвистической философии, но здесь переводится в поэтическую плоскость, переосмысляется с учетом одновременно сосуществующих и самовыражающихся личных миров; если логическая структура языка тождественна онтологической структуре мира, то для Сен-Сенькова языков, одновременно отражающих и выражающих миры, должно быть много. Поэтому его стихи балансируют на грани языковой нормы и аграмматизмов, на грани вербального и невербального языков, о чем речь пойдет дальше.

Для Сен-Сенькова письмо – это поле для разработки чужих видений, высказываний, которые дополняются оригинальным авторским голосом, замечаниями и образами для создания гибридного целого посредством как заимствования культурных пластов, так и их «обработки», шлифования и упорядочивания. При этом «исконный» материал остается узнаваемым, он выделяется, отделяя оригинальное высказывание от «апроприированного». На смену парадигм и «реорганизацию» хаотичного сосуществования языков и систем указывают *маркеры эмоциональности*; это не только и не столько прямое выражение чувств, сколько выявление субъективности и личности, пропускание через себя и переосмысление (перекодирование) явлений феноменологического мира, что представляет собой механизм для сведения разных кодов в авторскую экспрессивную и мировоззренческую систему.

Контрастное сопоставление регистров и языков позволяет проявиться субъективному началу лирического «Я», которое, таким образом, не выделяется из основной словесной массы, но все же отстаивает право на свое существование как одного из актеров этого поэтического

---

[60] Сен-Сеньков (2018b, с. 87).

театра. В «Красивых крыльях Карлсона» для маркирования субъективного высказывания применяется подчёркнуто грубый язык тяжело дышащего «растолстевшего Икара» из сказки Линдгрен, размышляющего о том, как сложилась его жизнь и были обмануты детские ожидания: «потом окажется / что у него был маленький но успешный бизнес / семья / две собаки // и что нас в детстве наебали».[61] Это говорит об окончательном и бесповоротном переходе героя сказки во взрослую, уже лишённую иллюзий жизнь, грубую, как язык, на котором о нем говорят. Автор идентифицирует себя со своим героем, «одалживая» ему собственный голос, чтобы тот мог адекватно рассказать о «засказочном» мире, в котором поневоле оказался.

---

[61] Сен-Сеньков (2018b, с. 38).

Глава IV, или о том, как могут выглядеть стихи

Писательская практика А. Сен-Сенькова и «Орбиты» направлена на экспериментирование не только с «традиционными» средствами поэзии, но и с самыми разными художественными языками (аудио- и видеоинсталляции, художественное оформление литературных текстов и т.д.), а также со сверхтекстовыми единствами; с самых ранних циклов 1990-х гг. поэзия Сен-Сенькова тяготеет к многоязыковой (в семиотическом смысле слова) конденсации, полагающейся на разные перцептивные начала. Если в этих текстах разнокодированность решается на уровне вербального текста, вмещающего в себе разные регистры и языки, в других стихотворениях она проявляется за счет обращения к вневербальным сферам.

В его творчестве встречаются тексты, в которых словесная составляющая сопровождается чужими произведениями, например фотографией или картиной, визуально преобладающими над текстом. Это происходит от того, что визуальная нагрузка изобразительных форм доминирует: картина или фотография привлекают внимание больше, чем стихотворный текст, который у Сен-Сенькова тяготеет к минимализму. Тем не менее, если вглядеться, здесь не вербальное обрамляет чужое произведение, а чужим произведением обрамляется вербальное.

***

велосипед до неузнаваемости:
смягчают режим заключения
он становится совсем мягким
спортивным
до потери сознания в соревновании между ног

[...]

* * *

наши детства заканчиваются
когда у трёхколёсных щенков
купируют хвосты
превращая
в дорогих породистых инвалидов[1]

На первый взгляд стихи под изображениями выглядят как комментарий, как добавочный или уточняющий элемент, де-иерархизирующий литературное произведение, особенно если вспомнить, что «фотография издавна понималась как объект, нуждающийся в словесном комментарии».[2] С этим представлением и играет Сен-Сеньков, снабжающий фотографии Глэсси комментариями, которые не объясняют и тем более не описывают изображенное, но воспроизводят другие, невидимые миры (и в частности связи между видимым и невидимым). По Сонтаг, фотография как разновидность художественного языка демифологизирует не текст, а понятие «высокого искусства», и одновременно облагораживает низкие проявления и возвышает вульгарность и китч, характерные для использования массовых стратегий в современной фотографии.[3]

Густота изображения приковывает внимание и «теснота стихового ряда» воспринимается не так, как в «обычном» стихотворном тексте. Однако в творчестве Сен-Сенькова такая иерархичность мнима; как мы помним, его поэтическая система нацелена на воссоздание реальностей, которые *немножко* отличаются от общеизвестной и говорят о нашей, феноменологической и неверной.

Зритель – особенно в эпоху виртуализации и сегментации реальности – склонен «верить» снимкам больше, чем описывающим их текстам, поэтому выбор «сломанных» фотографий в качестве параллельного тек-

---

[1] Сен-Сеньков (2008, с. 9-10).
[2] Ямпольский (2015, с. 35).
[3] Сонтаг (2013 с. 113, 197 и др.).

ста вводит в повествование ощущение объективного мира (фотография как репродукция реальности). Это, конечно, иллюзорно, раз любой выбранный фотографом ракурс являет собой фрагмент реального мира.

> Моралисты требуют от фотографии того, на что она не способна, – чтобы она заговорила. Подпись и есть этот отсутствующий голос, и предполагается, что он выскажет правду. Но даже самая точная подпись – это всего лишь одна из интерпретаций снимка, неизбежно ограниченная [...] Подпись-перчатка легко надевается и снимается. Она не может помешать тому, чтобы довод или моральная претензия, содержащиеся в фотоснимке (или серии снимков), были подорваны из-за множественности потенциальных значений любого фотоснимка или ослаблены из-за стяжательского духа, присущего самой деятельности фотографа (и коллекционера фотографий), и из-за эстетического отношения к объектам, которого ожидает от зрителя каждая фотография. Даже те фотографии, которые говорят душераздирающе о каком-то конкретном историческом моменте, предоставляют нам объект в условное владение с точки зрения в некотором роде вечности – красоты.[4]

Цикл «Сломанные фотографии Джона Глэсси», конечно, не должен рассматриваться как произведение, написанное в соавторстве: фотографии – скорее стимул, побудивший к написанию текста, в котором соотношение визуального и словесного рядов доведены до максимальной степени абстракции, поскольку велосипеды Дж. Глэсси не функциональные, а скорее символичные объекты: они стали чем-то еще и указывают на более широкий контекст, например на «крупное человеческое бытие [поскольку] велосипед – верный друг человека, за время эксплуатации перенимающий многие черты своего хозяина».[5] Велосипеды на фотографиях стали метафорами самих себя прежних.

Сосуществование и взаимопроникновение семиотических кодов, особенно когда один превалирует над другим, приводят к изменению статуса литературного текста, который становится переводом с одного (семиотического) языка на другой. Перевод и подразумевает субъективизацию, антропоморфизацию описанных предметов (создание «биографии» велосипедов), и работа с готовым объектом – в данном случае с фотографиями – предполагает максимальную субъективизацию зафиксированного на бумаге предмета. Здесь речь идет не об описании и интерпретации мыслей или эмоций фотографа, а именно о сценках «из жизни велосипедов»: поэтическое переложение устанавливает полисемиотический диалог не столько с автором фотографий, сколько с выбранным им языком. В этой связи Барт подчеркивает принципиальную неопределенность фотографической репрезентации тогда, когда реальный смысл

---

[4] Сонтаг (2013 с. 146).
[5] Голубкова (2010).

любого снимка находится *за* тем, что на нем изображено.[6] Субъективизация здесь порождает чувствительность: очеловечивание предметов и установление диалога с ними, опять же, переводит реальность из одной системы в другую, не только семиотически, но и понятийно.

Чувствительность проявляется в момент переноса «объективной» фотографической реальности Глэсси в поэтическое измерение, где отношения между разными элементами устанавливаются по другим принципам. С помощью сложной разветвленной символики автор добавляет алеаторные ассоциации, которые превращают бинарный код текста в многоступенчатую метафорическую конструкцию, где маркированная нелинейность и множество одновременно всплывающих смысловых пластов говорят о невозможности однозначной интерпретации. Под этим углом зрения нефункциональность велосипедов можно рассмотреть как дискурс-метафору насилия и смерти вообще, что соответствует природе фотографии в целом.[7]

Этот цикл представляет собой одну из возможных стратегий для реперсонализации поэтического языка, о необходимости которой говорил Дм. Кузьмин, а также попытку осмысления окружающего мира как бесконечной цепочки одновременно манифестирующих себя, равнозначных вариантов. Как показывает анализ А. Голубковой[8], каждое стихотворение цикла поддается отдельной интерпретации и прочтению, но мне представляется, что для полного понимания необходимо учесть эту поэтику комплексно, во всех проявлениях ее многоуровневой структуры. Синкретическая природа поэзии А. Сен-Сенькова особенно точно резонирует именно с фотографией как с экспрессивным методом: «Из самой природы фотографии вытекает двусмысленность положения фотографа как автора, и чем больше работ у талантливого фотографа, чем они разнообразнее, тем больше его авторство кажется корпоративным, а не индивидуальным»[9], то есть, продолжая мысль Сонтаг, понятие авторства для фотографии кажется менее определяющим моментом, чем для письма в традиционном его понимании. В той же ситуации оказывается поэзия и литература вообще в эпоху «кризиса авторства» и девальвации этого понятия на фоне кардинальных изменений, произошедших в 1990-х гг.[10] В этой связи применение чужого видения и чужого экспрессивно-

---

[6] Барт (2011, с. стр. 68-73 и 151-157).
[7] См.: «Фотография представляется мне стоящей ближе всего к Театру благодаря уникальному передаточному механизму (возможно, кроме меня его никто не видит) – Смерти» (Барт. 2011, с. 62).
[8] Голубкова (2010)
[9] Сонтаг (2013, с. 177).
[10] См.: Кукулин (2001).

го арсенала нацелено на разработку некоей совместной парадигмы, определяющей комплексную художественную систему, в рамках которой авторская индивидуальность привносит лишь одну – пусть и доминирующую – из экспрессивных модальностей-вариантов, способствующих ре-персонализации литературного языка для описания окружающего мира и для определения роли себя-субъекта в нем.

Как следствие, мутирует само понятие поэзии, по крайней мере в двух отношениях: «поэзия» теперь становится определением экстенсивным, включающим в себя другие виды искусства как дополнительные языки. С другой стороны, в поэзии заметно ослабевает такое понятие, как авторство: дискурс о себе сейчас изначально ведется не через себя, а опосредованно, через референции, так или иначе близкие авторским эстетике и воззрению. Если некоторый интертекстуальный подход можно имеет место в любую эпоху, то сегодня он эксплицирует связь между культурными манифестациями, превращая их в конститутивный элемент авторского оригинального высказывания.

Здесь субъективность автора и его лирическое «Я» формируются через культурные инстанции, которые важны для его же индивидуального развития, «художественного и личностного».[11]

* * *

К аналогичным выводам можно прийти при анализе творчества «Орбиты», хотя отправная точка рижской группы другая. Ее писательская практика с самого начала развивалась по двум векторам: все члены группы публиковали и публикуют собственные, авторские произведения и параллельно выпускают изящно оформленные коллективные альманахи и сборники, «художественные объекты»[12], одной из отличительных черт которых является эстетическая сторона.

Самоопределение «Орбиты» как группы предполагает единую концепцию в работе над коллективными проектами, но это вовсе не отрицает индивидуальный вклад каждого члена «текст-группы» в общую эстетическую систему, а скорее наоборот. Использование разных выразительных средств, равно как и семиотических языков, определяет не только метод, но и отношение к произведению искусства как таковому.

---

[11] Кузьмин (2001, с. 463-464).
[12] Ср.: «уже 16 лет участвую в проекте вместе с 4 другими русскоязычными поэтами из Риги, который называется „Орбита". Вместе мы издаём книги, выступаем, записываем диски, придумываем разного рода художественные объекты и их реализуем. И при этом – сосуществуем, порой ссоримся, но всё равно движемся дальше все вместе. Это довольно уникальный не только литературный или художественный, но и психологический, житейский опыт» (Тимофеев. 2015).

Нам легко меняться, пробовать новые вещи. Участникам «Орбиты» была, скажем, очень интересна видеопоэзия, ещё до того, как и в России, и в Латвии она превратилась в более или менее обсуждаемое явление. В 2001 году мы провели в Риге один из первых в Европе фестивалей видеопоэзии Word in Motion (берлинская Zebra стартовала на год или два позже), в 2005-м мы выпустили DVD, собрав лучшие работы, сделанные в Риге в этой области. А потом за 10 лет сняли всего несколько отдельных видео. Фокус интереса сместился, пожалуй, к объектам и инсталляциям (помимо книг и выступлений, которыми мы занимаемся постоянно, но тоже придумывая разные форматы). Может, в этом и есть наш собственный рецепт милосердия – пытаться быть чем-то новым, меняться, но не терять друг друга.[13]

Интерес к слиянию семиотических сфер и к перформативности как к экспрессивной модальности[14] приводит к концепции тотального произведения как продукта, гармонизирующего художественные и нехудожественные практики. В этом смысле издательскую деятельность группы необходимо рассматривать как попытку создания такого тотального опуса.

Хотя установление параллели с футуристической книжной практикой может казаться натянутым и искусственным, тем не менее идейные основы деятельности авангардистов начала века и рижской группы могут быть в чем-то соотнесены: например в том, что «в книге [как форме художественного выражения] закреплялись все практические поиски»[15] нового искусства – для футуристов, новых языков – для «Орбиты». Разница в целях здесь обусловлена прежде всего разницей в социокультурных пространствах, в которых эти проекты развиваются, но книга и для тех и для других – не просто сборник текстов, а свидетельство «развития новых художественных направлений»[16], для «Орбиты» идущих в сторону новых технологий и слияния разных художественно-выразительных методов.

Это легко продемонстрировать на примере третьего альманаха группы (2001, получившего в Латвии приз «самая красивая книга года»), который – как подчеркивает аннотация на титульном листе – представляет собой «монтажный стол. Располагается двумя дорожками: визуальной (фотографии и рисунки в верхней части журнала) и текстовой (стихи и эссе – в нижней). Существует 3136 вариантов сочетаний фотографий и текстов. Единственного сценария нет».[17]

---

[13] (Тимофеев (2015).
[14] Ограничившись парой примеров из поэтической продукции значимых для второй культуры авторов, можно вспомнить сапгировские циклы 1980-1990-х гг. или активную роль читателя в текстах Вс. Некрасова.
[15] Поляков (2007, с. 164).
[16] Поляков (2007, с. 19).
[17] Орбита (2001. Тит. лист).

Подобное представление о книге можно толковать, опираясь на концепцию У. Эко об открытом произведении как о способе установления «диалектики взаимоотношений между произведением и исполнителем».[18]

В «Орбите 3» один и тот же текст воспринимается по-разному, в зависимости от сочетания с фотографией и с цветовой гаммой каждой из 3136 комбинаций. Поскольку динамическая гамма цветов влияет на восприятие, в силу бесконечного комбинирования текст теряет эксклюзивную функцию носителя информации, становясь частью более сегментированной конструкции.[19]

> The third Orbita is not actually a book in the usual sense of the word. It is more an object to be touched, examined and, among the other things, read. The first impression comes from the extravagant format and form. Each page is cut in the middle, with photographs on the upper half and texts on the lower: poetry prose, essays, translations. The creator of the almanac have counted 3.136 combinations of text and image [...]. Of course, it is futile to hope there is going to be someone who would really attempt, but the idea itself is not bad: the medium is also the message.[20]

Принадлежность текста к тому или иному жанру (в альманахе представлены не только стихи и проза, но и эссе и переводы) не принципиальна;

---

[18] Эко (2004, с. 27).

[19] Такую художественную концепцию можно сопоставить с другими, например с «количественным» сочинением Г. Лукомникова («Поэзия сегодня и вчера»), с его же акциями, например «24 часа поэзии», для которых важен сам факт перформативности и осуществления определенной задачи. Для такого рода акции теоретически не важно, какие именно тексты будут звучать или читаться, важен результат. Продукция «Орбиты» все же сюда не относятся, ибо любой альманах, любая книга, ею выпущенные, являются эстетическим фактом сами по себе.

[20] Orbita (2018, с. 56).

альманах «Орбита 3» представляет произведения гораздо более широкого круга писателей: среди авторов – Ю. Гуголев, О. Золотов и – как и в других проектах – много латышскоязычных поэтов и прозаиков (всего 25 авторов). Тенденцию группы к расширению границ поэтического творчества следует отнести не только к языковым сферам, но и принять в буквальном смысле: открытость самым разным писательским манерам – визитная карточка не только группы, но и характеристика культурного пространства, в котором она формировалась и развивается.[21] В этом отношении интересно замечание С. Тимофеева о том, что «отчасти удержаться вместе нам помогает то, что у «Орбиты» никогда не было своего манифеста, своих заявленных (чуть не написал «завяленных») рамок»[22]: программная декларация рассматривается как «заявленные рамки», ограничивающие художественную свободу и диктующие то или иное представление о произведении искусства в зависимости от функций и желаемого результата; проекты «Орбиты» максимально открыты не только разным авторам, но и разным направлениям и эстетическим ориентирам. Их творческую деятельность можно рассматривать как многоформатную концепцию, которая с каждым выпуском печатной продукции расширяется и обновляется.

Принципиальная и концептуальная гетерогенность форм характеризует также поэтику каждого автора: в контексте «новых творческих профессий», оттеснивших литературную деятельность на периферию культурного процесса 1990-х гг., участники «Орбиты» являются наглядным примером продуктивного смешения художественной деятельности с другими сферами. Работа С. Тимофеева ди-джеем, например, частично определяла направление его раннего творчества[23] и до сегодняшнего дня иногда диктует эстетику.

> «Я не могу не получить Satisfaction, я не могу
> не получить полный и тотальный Satisfaction,
> когда меня с приятелем Ником приглашают играть музыку
> на спортивных играх работников Coca-Cola, где-то в ста
> километрах от Риги, и там прямо по соседству проходит
> ещё одно какое-то корпоративное мероприятие,

---

[21] Описывая культурную ситуацию «Родника», предтечи «Орбиты» (и «Ферганской школы» тоже), И. Кукулин замечает, что «определяющими принципами стали культурное пограничье и открытость опыта» (Кукулин. 2002d, с. 264). Исследователь вообще определяет такие факторы, как открытость и мультикультурализм (несомненно тесно связанные), как конститутивные для латышской контркультуры советской и постсоветской эпох в целом.

[22] Тимофеев (2015).

[23] В качестве примера см. сборники «Воспоминания диск-жокея» (Тимофеев. 1996), или «96/97: стихи» (Тимофеев. 1998).

и их динамики орут ещё похлеще наших, но это ерунда,
ведь впереди спортивные игры, всякие переползания,
пробежки и эстафеты, и в ожидании их люди,
одетые в голубые майки с надписью «Bon Aqua»,
слоняются по огромному полю. 'Cause I try and I try and I try and
I can't get no, I can't get no. И они едят картошку фри и
тусуются в своих майках, мрачно и по-хозяйски обхватив
жён и подруг и слегка подталкивая их ленивые движения,
как будто все они вместе падают, но так бесконечно,
что это и становится манерой перемещения. [...][24]

Группа постоянно предлагает мультимедийные проекты,[25] в том числе и в чисто бумажных публикациях: в альманахе «Орбита 3» список авторов помечен «расширением» .txt, в то время, как перечень художников – .tif.

С еще большей очевидностью тенденция к синкретизму не только художественных языков и методов, но и форматов прослеживается в следующем альманахе «Орбита 4» (2005), состоящем из одного CD и одного DVD: авторы читают свои стихи в сопровождении музыкальных композиций и звукового ряда на CD, к которым на DVD прибавлены специально записанные клипы. В отличие от предыдущего альманаха, «Орбита 4» доказывает – уже на формальном уровне – принципиально экстра-вербальную природу, поскольку стихи, музыка и видео сливаются в одно целое, где почти полностью отсутствует текстовый пласт за исключением бегущей строки с переводами латышских текстов на русский язык в некоторых клипах. Особый интерес в этой связи представляют работы А. Пунте такие, как «Истерика № 2. Новый год»[26]: стихотворение звучит на фоне электронной музыки и сопровождается насыщенным видеорядом, сценарий к которому написал сам автор. Сопоставление текста со звуковым или визуальным рядом меняет его восприятие: казалось бы, сюжет фильма, манера чтения и синкопное звучание музыки «отвлекают» от восприятия текста, но в действительности он обретает смысл именно во взаимном наложении всего перечисленного, в духе тотального произве-

---

[24] Тимофеев (2012, с. 8).
[25] И. Кукулин вспоминает, как «презентация первого выпуска альманаха „Орбита" в московском клубе „Край" происходила в виде мультимедийного перформанса: Тимофеев читал стихи под электронную музыку, сидя под экраном с видео-арт-блужданием по Риге. Артур Пунте на той же презентации показывал свои видео-арт-клипы, в которые были включены строки из его стихов. Всё это показывает новое качество: постоянно необходимое взаимодействие поэзии с другими видами искусств». (Кукулин. 2002d, с. 277).
[26] Орбита (2005). Кроме того, видео доступно в интернете по адресу https://www.youtube.com/watch?v=2Y5KxIrFTF.

дения.²⁷ Об этом говорит то, что в клипах мы находим много элементов поэтики того или иного автора: в «Когда кончится джаз» С. Тимофеева персонажи перелистывают альбом очень большого формата, к страницам которого приклеены фотографии советских актеров, что отражает внимание автора к популярной культуре прошлого. Точно так же в «Copywriter» А. Пунте чередуются фрагменты рекламных объявлений, подтверждающие его интерес к эстетике массового кино.

«Орбита 4» представляет собой весьма гетерогенный продукт, тем не менее индивидуальная эстетика каждой композиции выдерживается строго, и поэтический язык оказывается лишь одним из многих. Мультимедийная контаминация языковых моделей делает такого рода продукт открытым разным стилям и жанрам: если ограничиваться музыкальной составляющей, это хип-хоп в «И вот» А. Пунте, индастриал в «Так много» Ж. Уаллика или стилизация мелодий из советских кинокомедий в «Когда кончится джаз» С. Тимофеева.²⁸

Публикация альманахов и книг в качестве артефактов санкционирует образ книги как «способа фиксации пройденного этапа»²⁹, что еще раз подтверждает мысль о значении этих выпусков как эстетических памятников, чья ценность лежит в том числе во вне-литературной сфере.

В последнее время А. Сен-Сеньков все чаще сотрудничает с музыкантами, вместе с которыми выпускает диски³⁰ и даже кассеты³¹, но для него поэтическая составляющая остается все-таки первичной; музыкальный аккомпанемент в его проектах как правило минималистичен и скорее лишь подчеркивает голос читающего. В диске «Снег» (как и в еще не выпущенном «Дюймовочка все-таки росла») одни и те же тексты звучат на разных языках – русском в исполнении автора и на сербском в

---

[27] Об этом, напр., ср.: «Ее [альманаха „Орбита-4"] отправная точка – преодоление дифференцированного восприятия, а кульминация – ощущение цельности. Музыкальный и текстовой компоненты становятся основой метамелодического единства, в котором фонетика, семантика, ритм, гармонии складываются в сложную партитуру». (Ранцев 2009, с. 524).

[28] Автор уточняет: «Музыка оригинальная и была написана Иваром Вигнерсом. Это музыкант и композитор, в чьей студии мы записывали диск и который был большим фанатом „Орбиты", хотя он был на несколько десятков лет нас старше. В советское время он писал музыку к документальным и художественным фильмам. Там было так – я написал новый стих и хотел его записать в студии Ивара, но чуть опоздал. Пока Ивар меня ждал, он набросал эту мелодию. Когда я пришёл, он поставил мне её, а я сказал, что это идеальный „саундтрек" для текста „Когда кончится джаз"». (С. Тимофеев. Частная беседа, 16/10/2018).

[29] Липовецкий (2017, с. 245).

[30] Напр.: Сен-Сеньков / Широков (2017a), Сен-Сеньков / Широков (2017b) и Сен-Сеньков / Сысоев (2017).

[31] Simonis / Bakker / Verschoor / Sen-Senkov (2018).

исполнении переводчиц. Это актуализирует такие механизмы восприятия, как, например, распознавание слов на языке, близком к русскому, или наслаждение от звучания непонятной речи после русского текста, как при слушании песни на плохо знакомом языке после прочтения перевода[32], то есть элементы внесемантического характера.

Главное отличие этих проектов от деятельности «Орбиты» состоит в том, что для последней скрещение языков и модальностей восприятия имеет программный характер, прежде всего как эстетический и сенсориальный опыт. За изданием авторских книг[33] стоит тщательно продуманная концепция, превращающая книгу в уникальный артефакт с собственной неповторимой эстетической ценностью. В этой связи опубликованные тексты можно рассматривать не только как стихотворные произведения, но и как элементы, усиливающие эстетическую ценность книги-артефакта и выявляющие экстра-вербальные элементы. Так, например, в «Стихотворных посвящениях Артура Пунте» страницы раскладываются, в связи с тем, что опубликованные тексты «длиннее» формата страницы; в данном случае манипуляция артефактом (раскладывание и, соответственно, складывание после прочтения) создает некую связь с автором, чьи стихи «раскрываются» в буквальном смысле слова; это говорит об «активной роли читателя [, которая] предполагает рассмотрение текста в процессе коммуникации, где перспективным представляется основанный на когнитивистике мультидисциплинарный подход».[34] Именно такой подход свидетельствует о принципиально полисемиотичном характере творчества «орбитовцев» даже тогда, когда «пользователь»[35] имеет дело с бумажным изданием. Еще одним примером активизации роли читателя может служить расположение строк в «Тенях» С. Ханина, где формальный аспект «визуализирует» тему стихов:

---

[32] Вообще, в последнее время совмещение поэзии и музыки стало относительно популярным явлением, как показывает, например, интерес к ежегодному фестивалю поэзии и саунд-арта «Поэтроника», организованному П. Жагуном. Объявленная цель его – «спонтанное слияние поэзии, саундарта и видеоарта в реальном времени в рамках одного действия-перформанса. А также выявление взаимодействий и взаимовлияний текстов различных авторов, стохастическое корреспондирование с ними звуковых структур и визуальных образов, создание мультиязыковой среды в аудио-визуальном пространстве/времени» (Поэтроника).

[33] См., напр.: Ханин (2013) или Тимофеев (2012). Обложка последнего сборника напоминает стилизованную колонку акустической системы, эффект достигается за счет перфорации и белого фона следующей за обложкой страницы.

[34] Золян (2016, с. 64).

[35] Термин применяется в понимании У. Эко (1998).

           тени
                  другие, куда бесплотнее
      бесприютнее еще, беспилотней
              не те
                  что отбрасываются и падают
           слабые
     вам не хватает, кажется, кальция
          не хватает железа
                  здесь же этого целые залежи
                  тут где-то во мне

           берите
                  свои недопитые тени стаканов
        стеклянные тени
           тени стульев
     теневыми дрожащими пальцами
                  в непонятной пыльце
                  словно дыхальца в капельках пота
          идите, садитесь
            приплыли
         приплыли на воды
                  и не цепляясь ни капли за жизнь
     за обезжиженное ее течение
       за ее порошковый поток
                  стекаются
     с затаенным стеснением
                  покидая залы
             холлы
              лобби
               бары
                  кафе, фойе
       оживленные некогда
       тени друзей и подружек
            официанток
                  швейцаров
             барменов
            и портье[36]

При безусловном первенстве словесно-содержательной стороны стихотворений С. Тимофеева часть его творчества можно рассматривать и как геометрически упорядоченные блоки, для которых деление на стихи может порой иметь еще и эстетически-визуальный смысл.[37] Своеобразную форму стихотворений можно трактовать, как пустую рамку: «Для меня, скорее, главное – правильно заполнить форму. Которая, безуслов-

---

[36] Ханин (2013, с. 42-43).
[37] См., напр., форму «Мужчины с женщиной», с. 44-45.

но, уже существует и всегда существовала и вдруг всплывает передо мной, как такая металлическая ракушка, которую можно аккуратно засыпать сухим лёгким юрмальским песком. Ровно, плотно, но не слишком тесно. Вот и всё».[38] Интерес к определенной визуализации при безусловном словесно-содержательном начале можно наблюдать у Сен-Сенькова, например в «псевдо-брахиколонах»[39], все стихи которых состоят из одного слова, но здесь – в отличие от традиционного брахиколона – нет метрической упорядоченности.

Последние примеры менее очевидны, чем предыдущие, но они тоже свидетельствуют о неоднозначных взаимоотношениях текста с различными экстра-вербальными элементами, которые привносят свой вклад в определение поэзии как «многомерного семиотического объекта», которому свойственна «множественность интерпретаций».[40]

Понятие «поэзия» становится все более широким и неизбежно включает в свой состав другие языковые модели; также в творчестве Сен-Сенькова поэзией можно назвать все сверхтекстовые единства, что расположены на странице, притом каждый элемент выполняет одну функцию, необходимую для толкования плюралистичности языков и кодов. Особенно интересную метатекстуальную составляющую здесь можно усмотреть в заголовочном комплексе, который приобретает специфический вес в расшифровке и иногда даже в осмыслении текста[41]; функция заголовка разрастается до носителя коммуникативных интенций произведения в целом, порой даже до законченного произведения, конденсирующего в себе метафоры, образы и прочие поэтические приемы, иной раз заглавие можно рассматривать как инструкцию-комментарий к тексту, делающий границу между текстом и не-текстом очень лабильной. Согласно классификации Н. Веселовой, это заглавие четвертого типа, носящее «экспрессивно-апеллятивную [функцию], связанную с выявлением авторской позиции, подготовкой читателя к восприятию

---

[38] Тимофеев (2015).
[39] См., напр.: «Стихотворения ростом чуть выше Твигги» (Сен-Сеньков. 2006, с. 50-51) или «Тонкие кости московского котёнка» (Сен-Сеньков. 2006, с. 52-57).
[40] Обе цитаты: Золян (2016, с. 64).
[41] О роли заглавия в поэзии Сен-Сенькова см., например, у А. Долина: «Андрей Сен-Сеньков, наверное, единственный в мире поэт, который не только придает значение заголовкам, но иногда – большее, чем самому тексту. Собственно, иногда текста нет, только картинка, а название распухает до объема отдельной единицы: „Молния: престижное кладбище для карманных фонариков, особенно для тех, что бесплатно раздают во время рекламных акций", например. Разве нужно такому заголовку еще какое-то продолжение?» (Сен-Сеньков. 2018b, с. 5).

текста».⁴² Заглавие получает дополнительные значения, «соревнуется» с текстом в поэтичности и нередко превалирует над ним.

В циклах А. Сен-Сенькова второй половины 1990-х гг. заголовочный комплекс часто состоит из названия и эпиграфа, который предлагает один из ключей к интерпретации; он служит «подсказкой», направляющей читательское внимание не столько на определенный объект, сколько на вереницу образов, которые он найдет в последующем тексте. Чужое слово здесь ставится в такое положение, чтобы оно говорило за автора.

Функция эпиграфа – в том, чтобы связать собственное творчество с памятниками мировой культуры, что особенно актуально для начинающего писателя: чужой, признанный авторитетным голос презентует текст и его содержание, этим прибавляя аффирмативную силу авторскому голосу. Функция заголовков частично трансформируется в текстах 2000-х годов: они представляют собой макрометафору, вокруг которой вращаются стихотворные циклы, каждая часть которых предлагает один из возможных ракурсов на окружающую действительность. В цикле «Полпачки Gitanes» каждая сигарета-стихотворение отсылает к цыганской культуре и фиксирует длительность каждой отдельной сцены до того момента, когда «я отдал всю пачку с оставшимися сигаретами гастарбайтеру, проходя мимо стройки».⁴³ Здесь видения курящего прекращаются, и в дальнейшем тексте вкратце излагаются фантазии, которые вызвали бы «оставшиеся» сигареты.

В других стихотворениях заглавие выполняет функцию эквивалента текста: название «Американский военный спутник фотографирует казнь Саддама» дает ключ к пониманию, стилистически оно полностью диссонирует с кратким текстом самого стихотворения, состоящего из дистиха (по объему примерно в три раза большего, чем сам заголовок), который с помощью референтов из области грамматики и лингвистики отсылает к теме смерти иранского диктатора.

> запятая в повешенном предложении раскачивается так правильно что навсегда стыдно уметь читать
> после долгой подготовки в петлю поместился грамотный столбик прочитанного наизусть тела⁴⁴

Название снабжает точной информацией, высказанной нейтральным, не маркированным тоном, в отличие от основного текста, который без

---

[42] Н. Веселова. Заглавие литературно-художественного текста: Онтология и поэтика. Диссертация на соискание ученой степени кандидата филологических наук. 10.01.08. Тверь. С. 5, цит. по: Верина (2017, с. 131).
[43] Сен-Сеньков (2006, с. 80).
[44] Сен-Сеньков (2010, с. 61). Расположение строк в процитированном фрагмента соответствует форме стихотворения, которое здесь цитируется полностью.

начального «уточнения» вряд ли мог бы быть отнесен к какому-либо конкретному контексту. Таким образом, он характеризуется наименьшей информативностью и является одновременно самым поэтичным и самым «личным», аффективно маркированным.

Заголовок здесь выполняет функцию инвертированной подписи, предшествующей иллюстрации (в данном случае словесной), к которой относится, то есть подписи с уточняющей/предупредительной функцией: с одной стороны, тема становится ожидаемой; с другой стороны, сложный текст самого стихотворения заставляет рассматривать описанные события с авторской точки зрения. Предлагая неожиданный ракурс смерти Саддама Хуссейна, автор вводит субъективное и прежде всего эмоциональное начало в документальное сообщение. Смерть Саддама представлена не только и не столько как историческое событие, имевшее место 30 декабря 2006 года, сколько как частная репрезентация этого события.

Такая модальность становится очевиднее, если обратиться к визуальным текстам, для которых название служит изложением содержания скупых изобразительных элементов, которые сами по себе недостаточны для понимания коммуникативной интенции автора; «в стихах А. Сен-Сенькова форма и содержание, вербальное и визуальное выступают в единстве, часто семантика формы доминирует, и возникает вопрос: приложимы ли к таким стихам традиционные категории, связующие часть книги и сверхтекстовые мотивы[...]?».[45]

В цикле «Кинотеатр, в котором идут фильмы только с длинными названиями» чередуются четырехугольники, над которыми стоит название фильма, проецируемого в четырехугольнике-экране.

Осень: зима, весна, лето

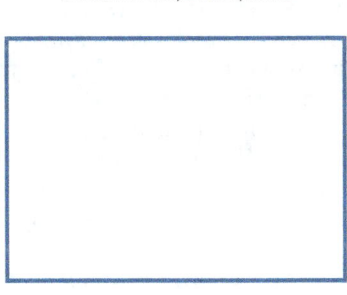

[...]

---

[45] Верина (2017, с. 161).

Православный бутерброд: $\dfrac{\text{грех}}{\text{безбожие на самом интересном месте}}$

Двухсерийное ботаническое яйцо:
мякоть изнутри медленно и сладко
распиливается созревшей персиковой косточкой-бензопилой

⁴⁶

Формально это письмо напоминает визуальные стихи Вс. Некрасова, в которых точки и слова приобретают смысл лишь в соотношении с изображающим, заключенным в четырехугольники (правда, расположенные по вертикали). Для Некрасова рамки выполняют функцию текстовой (в семиотическом смысле) составляющей, так или иначе взаимоотносящейся со словом и языком. У Сен-Сенькова четырехугольники служат рамками для отсутствующих картин, не поддающихся репрезентации, но которые могут быть описаны иносказательно, аллюзивно, символично. С этой точки зрения заглавие здесь можно понимать как словесное изображение нерепрезентируемого наличия, как экспрессивную модальность на грани словесного и (не)изобразительного. Авторские «инструкции», данные в заголовке, порождают добавочные смысл и про-

---

[46] Сен-Сеньков (2006, с. 35, 37).

чтение[47], за счет чего отношение между репрезентируемым и означающим, визуальной и вербальной составляющими менее «произвольно», чем в чисто вербальных текстах, поскольку здесь можно восстановить смысловые ассоциации, связывающие слова и изображение:

Молния: престижное кладбище для карманных фонариков, особенно для тех, что бесплатно раздают во время рекламных акций

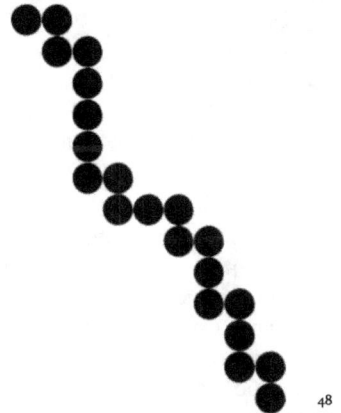

[48]

«Молния» состоит из тех фонариков, о которых идет речь в названии, но расположение элементов инвертирует привычный порядок, когда изображенное предшествует объяснению, а не наоборот. Заголовок воспринимается двояко: традиционно как указание, но одновременно как стихотворение. Более того, так же, как и в предыдущем примере, здесь тоже именно порядок «иерархизирует», по Фуко, компоненты произведения, ведя читателя в данном случае «от дискурса к форме»[49], от рационального изложения (смысл в названии) к чистому восприятию: иерархизация здесь заставляет «видеть» именно то, что автор описывает. Но на самом деле, авторское указание зиждется на «алеаторическом отношении между картиной и названием».[50] Это своего рода процесс номинации, где на месте слова – визуальный ряд с весьма неустойчивым значением.

Такого рода заголовки можно также рассматривать как сверх-минималистические тексты, особенно если учитывать тенденцию Сен-Сень-

---

[47] Заглавие как инструкция по прочтению визуального стихотворения характерно и для более ранних текстов, но в анализируемой здесь фазе заглавие являет собой конститутивный элемент не только структуры, но и смысла стихотворения в целом.
[48] Сен-Сеньков (2008, с. 151).
[49] Фуко (1999, с. 38).
[50] Фуко (1999, с. 44).

кова к доведенной до предела лаконичности. Визуальная составляющая – своего рода иероглиф, стилизующий более подробное изображение, которое не фигурирует, но все же наличествует в потенции, то есть является невидимым и аллюзивным эквивалентом текста. Минималистичности текста соответствует минималистичность изображения, что призвано передать аллюзивное, абстрактное (поэтическое) видение художника-поэта; оно и состоит из невыразимых эмоций, из еле уловимых межвещественных связей.

> Unlike conventional poetry, visual poetry utilizes a dual sign. As such, it comprises two sets of signifiers and signified – one verbal, the other visual. The linguistic sign, which constitutes a complete system in itself, functions as the first term of the visual sign, which expands to encompass a second signified at the visual level. In this manner, the written word serves as the support for the visual message.[51]

В случае визуальных текстов, точнее таких гибридных визуальных работ, две языковые системы являются разнокодированными выражениями одного и того же сообщения, чье значение должно оставаться туманным, неясным, расплывчатым; это приводит к аннуляции «фронтальной прозрачности языка и смысла»[52], то есть к передаче смысла через аллюзивный и символический язык, так же, как в случае апофатического сообщения, но в еще более выраженной форме. Исходя из этого, данные визуальные опыты могут быть рассмотрены как еще один этап разработки стратегий высказывания, наличествующих в других текстах, несмотря на то, что эти писательские концепции разрабатывались синхронно. Если «акт зрения – это речевой акт»[53], то визуальные произведения можно (и нужно) истолковывать как высказывания, именно в том смысле, в котором мы рассматриваем все анализируемые художественные стратегии в данной работе. Визуальное, сенсорное восприятие нелитературных произведений неизбежно влияет и на восприятие самых текстов в связи с полисемиотичностью. Наглядным примером этой тенденции являются «Сонеты», представленные «Орбитой» в 2015 гг. в параллельной программе венецианской биеннале:

---

[51] Bohn (1986, с. 5).
[52] Ямпольский (2015, с. 92). Философ пишет: «активность смыслопорождения возникает только в непрямом отношении к смыслу, который *в литературе должен генерироваться так же, как и в бессловесном визуальном искусстве*» (Ямпольский. 2015, с. 92; *Курсив мой* – М.М.).
[53] Ямпольский (2015, с. 94).

Глава IV, или о том, как могут выглядеть стихи 79

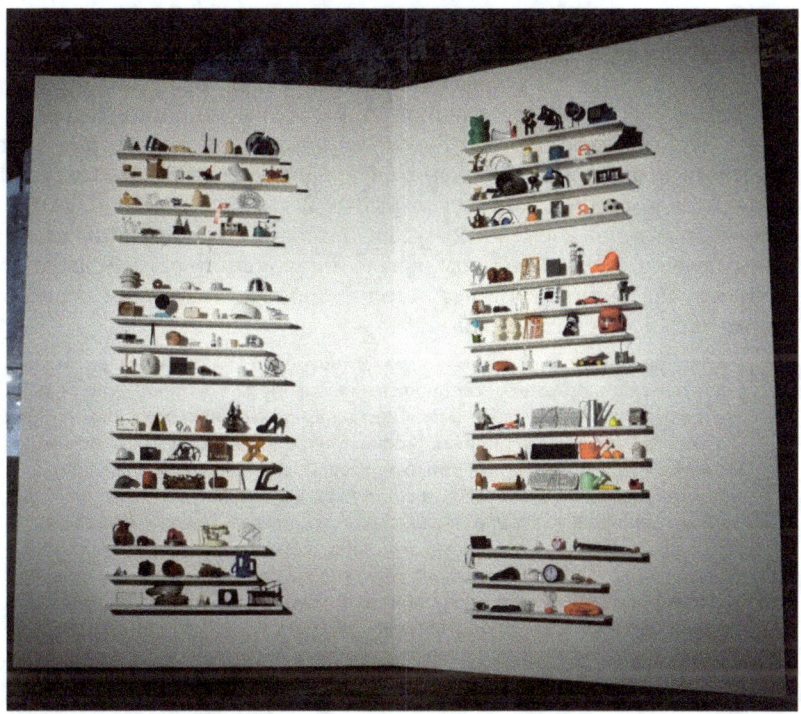

Огромное, четырехметровое полотно включает два сонета на книжном развороте, каждый стих которых «написан» разными предметами. На полках-стихах – легко реконструируемые сюжеты, строящиеся по поэтическому принципу. Сонет слева изображает историю взросления: за светлыми предметами первого четверостишия следует юность, затем символы насыщенной – взрослой – жизни, заканчивающейся упадком и, в последнем терцете, смертью-мышеловкой; здесь цветовая гамма в каждой строфе передает определенную интонацию, настроение.

Правый сонет носит более социально-критичный характер, в нем речь идет скорее о контроле над формирующейся личностью и об унификации обществом, о чем свидетельствуют камера наблюдения и пульт управления во втором четверостишии. Заметная, даже нарочитая витальность первых двух катренов, представленных объемными предметами, постепенно спадает, и последнее трехстишие завершается сдутым, уплощенным, выдохшимся мячом. Кроме того, как и в первом сонете, определенная атмосфера здесь передается через расположение предметов: например, в первом катрене они свидетельствуют о разнообразии жизни ребенка, а в первом трехстишии вызывают ощущение однообразия и скуки «взрослого» образа жизни.

Эти произведения соблюдают законы жанра, предметы «рифмуются» между собой по определенной схеме, сохраняя при этом специфичность и узнаваемые черты.[54] Здесь устойчивая сонетная форма подвергается языковому переосмыслению, «оболочка» остается узнаваемой при кардинальном изменении содержимого. В этом контексте рифмы играют важную роль элементов, «удерживающих» конструкцию и свидетельствующих о стихотворном начале инсталляции, притом что они чередуются по принципу геометрических или ассоциативных перекличек форм, цветов или материалов.

> Вообще рифмовка – интересная тема. Этой весной мы пытались рифмовать реальные вещи, предметы, составлять из них сонеты. Два таких сонета были выставлены с мая до ноября в Венеции на выставке «Орнаментализм. Приз Пурвитиса», которую курировал Виктор Мизиано. Это был такой огромный «книжный разворот» примерно 6-метровой высоты, расположившийся в одном из зданий Арсенала. Один сонет был, на мой взгляд, более классический и изящный, а второй – авангардистский, где «слова» (предметы) в строчках повторялись с некоторыми вариациями, а рифмовка была менее визуальной и более тематической. Мы это ещё потом связали с Гулливером и его путешествием на остров Лапута, жители которого изъяснялись при помощи предметов. Но про тамошнюю литературу у Свифта ничего не было сказано. А у нас получилась такая «лапутианская поэзия».[55]

«Прочтение» сонетов требует включенности, характерной для визуального искусства, умения выстраивать ассоциативные связи. При этом авторы нарушают сами законы визуального восприятия, пользуясь литературным инструментарием. Здесь речь идет о законах функционирования языка, о де-автоматизации лингвистических и понятийных процессов в соответствии с эстетикой перформативного искусства, для которого исследование языка и его механизмов в пост-идеологическом мире стало центральным.[56]

Метод, необходимый для расшифровки-разгадки сонетов, отсылает к ребусам и шарадам, то есть к игровой традиции, которая в современной литературе часто относится к концептуальному дискурсу. Самым ярким представителем этой тенденции можно считать Г. Лукомникова,

---

[54] Ср.: «В первом сонете я вижу более модернистский и тонко инструментированный подход к сонету, а [во втором] подход авангардистский (наивизм, гипнотизм варьирующихся повторений, отказ от традиционной рифмы в пользу внутренней и тавтологической) [...]. Первый делали Саша Заполь [С. Ханин] и Володя Светлов, а второй мы с Артуром [Пунте]» (С. Тимофеев. Частная беседа, 19/07/2018).

[55] Тимофеев (2015).

[56] Голдберг (2014, с. 301-304).

множество произведений которого основываются как раз на аннуляции (мнимой или реальной) семантической составляющей ради концентрации звуковых, поэтических эффектов, или просто ради игрового начала. Абсурдизм и неправдоподобие его композиций – элементы второстепенные, возникающие как «побочный» эффект сложной структуры составных частей. Тяга к чистому формализму выносит произведения Лукомникова за пределы литературной экспрессии:

> 8, 8, 50,
> 9, 9, 60,
> 18, 19,
> 40, 40, 50.
>
> 7, 14, 1,
> 25, 31,
> 48, 48,
> 251.[57]

Как и в случае инсталляции «Орбиты», здесь бросается в глаза соблюдение формальных признаков литературного произведения, представленного как «скелет» или «рамка», в которую можно вставить любое содержание. Более того, как и в предыдущем примере, метрическая схема (здесь – четырехстопный хорей) сама по себе вызывает определенные ассоциации с легкой поэзией или жанром песни о дороге и экзотике.[58]

Другой проект «Орбиты» (под названием «Парад парада»), реализованный совместно с И. Клявиней, концептуально относится к тому же направлению, подтверждая тенденцию к делитературизации поэтического начала. Речь идет об инсталляции на выставке «Переносные пейзажи», где стихотворение Л. Таунса «Parādē» («На параде») представлено в виде «графической линии»:

> Это своего рода попытка найти другой способ прочтения поэтического текста, другую форму контакта с ним [...] Мы привыкли видеть стихотворение как вертикальную конструкцию из строчек. А что будет, если представить его как графическую линию? Давайте попробуем разместить его как линейную композицию из отдельных строк.[59]

Начинающееся строками «Мы вышли на улицы / И пошли...» стихотворение приобретает визуально-перформативный характер тогда, когда «посетитель, чтобы прочесть линию, сам начинает идти, как бы входит в стихотворение и его сюжет [...] Возможно, это своего рода [...] попытка представить стихотворение как парад строчек, одна за другой

---

[57] Бонифаций.
[58] Ср.: Гаспаров (2000, с. 192-216).
[59] Тимофеев (2018а).

выплывающих из сознания поэта. Ведь именно так пишутся стихи, они не приходят готовыми столбиками».[60]

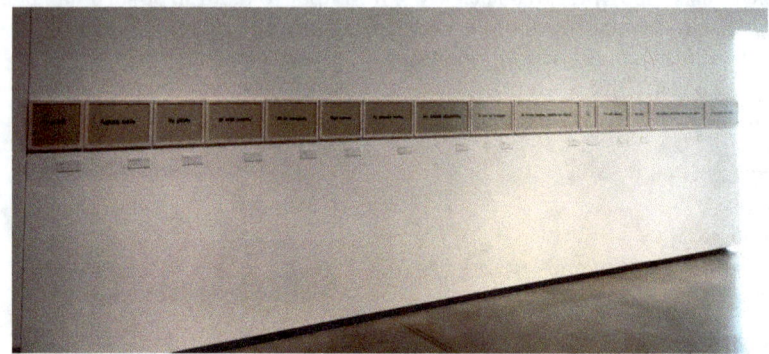

В этом формате стихотворный текст остается собой, но вместе с тем он взаимодействует с музейным пространством, в результате чего восприятие меняется: этот текст – «часть [...] машинописного сборника второй половины 50-х „Mākoņu izkārtnes"»[61] – предстает перед читателем-посетителем не просто как стихотворение, но еще и как результат архивной работы, который тем не менее подвергается деиерархизации вследствие трансфера в «обычное» пространство, графического расположения строк и приобретенной в связи с этим перформативной природы. В конце концов редкое (найденное в «машинописном сборнике») стихотворение начинает взаимодействовать со зрителем, становится частью его же реальности (стихотворение «сопровождает» его в пути); внешне архивный материал приравнивается к графической серии, но при этом он остается извлеченным из архива произведением, свидетельствующим о лабильности статуса искусства (литературы, поэзии, и т.д.), приводя к гибридации традиционных понятий и к их слиянию в восприятии непосредственно текста как такового.

Анализируемые смежные экспрессивные и эстетические модальности имеют антидискурсивную направленность и формально (но не концептуально) могут быть сопоставлены с практикой визуальных экспериментов исторического авангарда[62], но, в отличие от них, актуаль-

---

[60] Тимофеев (2018a).
[61] Тимофеев (2018a).
[62] Ср.: «In the first place poetry itself – even traditional poetry – is essentially a subversive genre. Liberated from the constraints that discursive order impose on it, the word is free to combine with others in a hundred unforeseen ways. In the second place, whereas ordinary poetry is non discursive, visual poetry is antidiscursive. In the radicalness if its picto-

ность антидискурсивности сегодня обусловлена с одной стороны поиском новой, адекватной экспрессивности, а не выразительных, самодовлеющих модальностей, а с другой осознанием невозможности исчерпывающе передать личностное, субъективное начало. Это определяет вектор развития современной литературы, движущийся в направлении, противоположном логоцентричности предыдущих эпох и представляющем собой реакцию на нее.

Все рассмотренные писательские практики так или иначе имеют дело с произведениями, относящимися к тому типу поэзии, который сегодня не только допускает, но и подразумевает разные способы умножения дискурсивных и экспрессивных возможностей стихотворного высказывания, в том числе благодаря чисто эмоциональному (то есть зарациональному) восприятию, как, например, в случае музыкального сопровождения или видеоряда, нацеленных на подсознательную рецепцию стремительно чередующихся кадров с разными цветовыми гаммами. Такой подход вовсе не отрицает актуальность текста как привилегированной для поэтического высказывания формы, но обогащает его другими экспрессивными модальностями, что в какой-то степени позволяет говорить о ре-индивидуализации поэтического языка, а также о дефиниции пространства субъекта как эстетически значимого поля для высказывания от себя, осуществленного собственным неповторимым голосом, при этом с учетом формы, в которой высказывание воплощается.

Тем не менее разнокодированность и полисемиотичность не выполняют чисто эстетическую функцию: применение принципиально разных семиотических языков целится к расширению границ текста[63] и к позиционированию его как открытого дискурса, стимулирующего как можно больше сенсориальных сфер.

Подобная концепция реализована также в книге С. Ханина «Вплавь/Peldus», вышедшей сразу на двух языках в двух томах, которые прикрепляются друг к другу с помощью скрытых магнитов. Кроме традиционного для писательской и издательской практики «Орбиты» билингвизма, в этой книге фигурируют иллюстрации, представляющие собой переработки стихов автора из предыдущей книги «Только что» (2003); это – «переводы на визуальный язык»[64], осуществленные разными художниками по просьбе автора, то есть они являют собой конститутивную часть концепции книги.

---

rial language lies the ultimate rebellion against the power structure. Since the visual world exists outside discourse, the world is powerless to intervene» (Bohn. 1986, с. 29).
[63] В данном случае этот термин следует понимать не как относящийся к вербальной, или визуальной сфере, а как общее понятие.
[64] С. Ханин. Частная беседа, 16.03.2018.

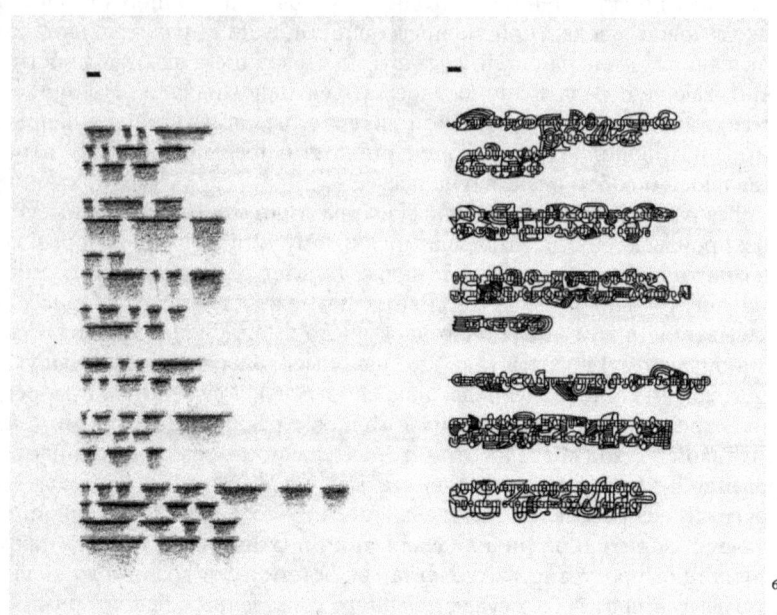

[65]

За счет смешения художественного и поэтического в книге появляется еще один язык, апеллирующий к чисто рецептивной сфере. О нем можно говорить как о переводе с одной знаковой системы на другую, то есть как о переводе межсемиотическом. В издательской деятельности «Орбиты» мультилингвизм обладает, помимо прочего, эстетической функцией. В этом смысле тексты на латышском и на русском языках эквивалентны по содержанию, но различаются в плане шрифтов и алфавитов. Это доказывает разная организация текстов книги С. Ханина «Только что / Tikko», в которой стихотворения на русском языке и их переводы на латышский расположены по разным принципам (первые – по циклам, вторые – по авторам переводов).

Стремительно чередующиеся, короткие слова в первом «переводе» передают эмоциональную взволнованность, в то время как другой состоит из витиеватых выражений, нелинейно излагающих путаные мысли. В этом можно усмотреть параллель со «Стихами на неизвестном языке» Сапгира, в которых «зашифрованная энергия [...] содержит в себе более,

---

[65] Ханин (2013, с. 54, 59).

нежели она может сообщить, как информацию и эмоцию»[66], или с erasure poems и в частности с работой А. Черкасова, актуализирующего эту традицию в русской среде; «Блэкауты» – это своего рода визуальное произведение на грани искусства и литературы, артистически оформленное высказывание. Черкасов подвергает корректировке оригинальный текст, «очищает» его от всего неактуального и, как и у Ханина, получившееся высказывание не имеет функций, свойственных литературному тексту.

«Переводы на визуальный язык» можно рассматривать как делитературизацию текста, но их фигурирование в литературном контексте поэтического сборника усложняет это восприятие; здесь они представляют собой вариант асемического письма, с которым их сближает «попытка посмотреть на живопись как на текст и, что более важно, – посмотреть на язык (в его национальном варианте или дописьменном/детском состоянии) как на образ, способный быть реализованным визуально без привлечения собственно языковых средств. Иначе говоря, асемическое письмо – это беззнаковая трактовка художником того или иного языка (материальности языка, языка как почерка или шрифта), создание образа этого языка».[67] С другой стороны, если «главным героем и основным содержанием любого асемического произведения в первую очередь является тот или иной национальный (или донациональный, «общий») язык, реализованный в виде чистого почерка, – язык, стремящийся к абстрактному бытию, но так и не становящийся абстракцией»[68], именно концептуальная и жанровая специфика этих текстов не позволяют, на мой взгляд, трактовать их как

---

[66] Сапгир пишет, что «мне бы хотелось, чтобы на эти тексты не смотрели, как на орнамент, как на визуальные словесные почеркушки, которые подчас рисуют предметы, лица, пейзажи или бегут поперек <так!> всей картины иного художника концептуалиста. Разве вы не чувствуете, что это слова – длинные, короткие слова, которые выстраиваются в стихотворные строчки, рифмуются, повторяются и не беда, что их невозможно произнести, прочитать, полнота содержания очевидна. Любой текст – это не только знаки, прихотливо рассыпанные, словно бесконечные бусы какого-то дикаря-филолога. Это особым образом зашифрованная энергия, которая содержит в себе более, нежели она может сообщить, как информацию и эмоцию. Есть неопределенное необъяснимое, но совершенно особенное сообщение для […] текста, независимо от того, что он значит и как расшифровывается в системе данного языка». (Сапгир. 1995, с. 291). Кроме того, сам поэт устанавливает параллель между этой поэзией и первым Посланием Апостола Павла к Коринфянам, где незнакомый язык рассматривается как язык, на котором люди говорят с Богом (Сапгир. 1995, с. 291). В этом отношении эксперимент Сапгира принимает некий шуточный, но тем не менее выявленный сакральный характер.

[67] Самигулина (2016, с. 8). Выражаю свою благодарность Д. Суховей, в ходе дискуссии о книге предложившей посмотреть на тексты Ханина с этой точки зрения.

[68] Самигулина (2016, с. 15).

несемиотический «анти-знак».[69] Скорее это еще один язык, который может подвергаться интерпретации.

Этот факт показателен для восприятия одного и того же текста на разных языках. Подобные примеры из поэтической практики «Орбиты» легко умножить: в книгу Вл. Светлова «б/у» вошли стихотворения сразу на трех языках (русском, латышском и английском), и расположение некоторых из них имеет явный визуально выраженный характер. Сопоставление текстов иногда порождает концепцию, созвучную с концепцией переводов на визуальный язык у Ханина:

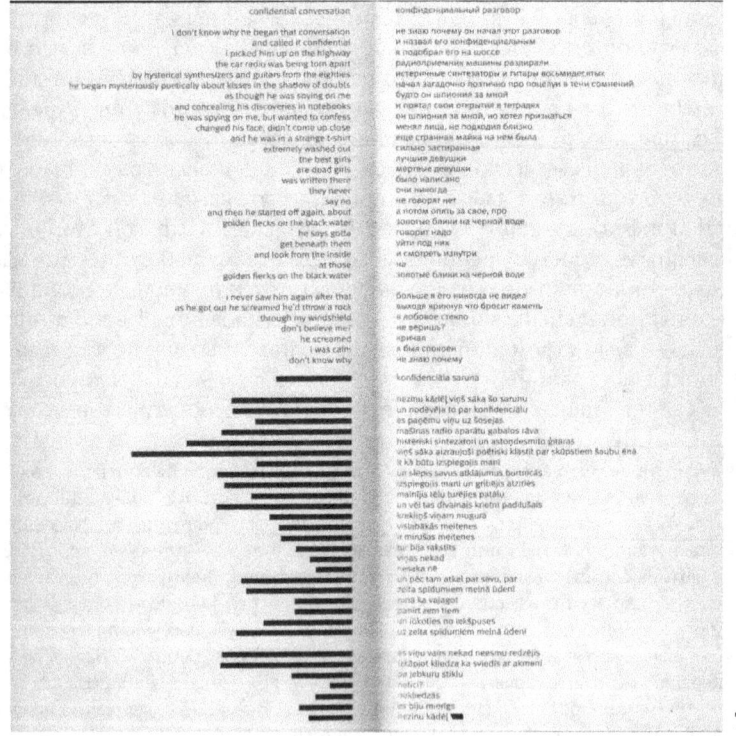

---

[69] Термин Е. Самигулиной, определяющий единицу асемического письма: «„литературные" (и шире – знаковые) категории применяются здесь к стилизованной под письмо линии (мазку кисти или штриху пера), т.е. асемический анти-знак изначально носит не текстовую, а живописную природу». Самигулина (2016, с. 8 и др).

[70] Светлов (2014, с. 28-29).

Второе стихотворение здесь – зеркальное отображение четвертого; он не просто «перевод», а визуальное толкование своего аналога, что побуждает воспринимать стихи на латышском языке (IV текст) многоплановее, чем стихи на русском или на английском. Разнокодированность здесь влияет на перцепцию каждого «языкового блока» так же, как в случае «переводов на визуальный язык» С. Ханина. Визуальный ряд неизбежно воспринимается именно как стихи, которые нужно понимать и толковать ассоциативно, через другие, нежели в традиционном стихосложении, каналы, благодаря которым само стихотворное произведение расширяет свои возможности и свой выразительный потенциал, как раз благодаря апелляции одновременно к разным перцептивным сферам. В невербальных стихотворениях можно усмотреть попытку свести коммуникативные интенции на нет, при сохранении поэтической «оболочки» и инерции восприятия, продиктованной этой самой «оболочкой».[71]

Подобные тексты встречаются также у А. Сен-Сенькова, что свидетельствует об актуальности поисков затекстовой экспрессивности, в том числе через нарушение «общепринятой» для стихотворного дискурса формы. В частности этот подход характеризует текст, давший название последнему сборнику стихотворений и завершивший его, что подталкивает к размышлению о декларативном характере подобных модальностей:

I
I
I
I

I
I
I
I

I
I
I
I [72]

Вообще, любой алфавит и любой графический знак, вне зависимости от его роли в тексте, может быть рассмотрен как визуальный знак.[73] Транс-

---

[71] В этом можно усмотреть параллель с разысканиями Г. Сапгира в области пустотного текста. Об этом, см., напр.: Орлицкий (1997); Орлицкий (2005); Павловец (2013).

[72] Сен-Сеньков (2018b, с. 177).

[73] В этом отношении особенно любопытным примером мне кажется публикация цикла А. Сен-Сенькова (2018a): за каждым из двенадцати стихотворений цикла в оригинале следуют переводы на одиннадцать языков, некоторые из которых –

формация текста в литературно-художественный гибрид, полностью или частично лишенный коммуникативной функции, но структурно входящий в поэтическую «рамку», свидетельствует о желании реконтекстуализировать и реактуализировать этот дискурс.

Превращение текстов в визуальный объект с ярко выраженным словесным началом можно трактовать как своего рода перформативное действие, в течение которого лишенные коммуникативной и референциальной функций стихотворения предстают изображениями самих себя, застывшими в процессе трансформации в чистое искусство. В процессуальности, фиксирующей определенный этап становления художественного замысла, можно усмотреть перформативный момент, в соответствии с творческой концепцией «Орбиты» в целом.[74] С этой точки зрения «Переводы на визуальный язык» принимают новое обличие, не переставая быть собой, так как ядро трансформации словесного начала в художественную изобразительность остается неизменным. Отношения между написанным текстом и художественно оформленным результатом технически составляют параллель деятельности Дж. Скотт: переработка стихов Ханина в визуальные объекты превращает изначальный текст в своего рода кокон, обволакивающий стихотворения из преды-

---

например, грузинский – западным человеком, не знающим язык, могут восприниматься именно как графические знаки.

[74] Процесс создания произведения искусства по определению тесно связан с идеей перформанса, где главное – не только и не столько конечный результат, сколько развертывание артистического действия. Такая процессуальность в искусстве и – шире – художественной деятельности характерна отнюдь не только для современности: книги-артефакты исторического авангарда, например, можно рассматривать прежде всего как свидетельства преодоления каждый раз нового этапа артистического становления. Интерес к процессуальности как к способу художественного самовыражения и части артистической концепции особенно очевиден в практиках западно-европейского и северо-американского перформативного искусства 1970-х гг. (об этом см.: Голдберг. 2014, с. 206-236). Если говорить о русском искусстве, можно вспомнить, например, акции «Коллективных Действий» и особенно актуальный в конце 1980-х и, в течение следующего десятилетия, акционизм в целом. Для «Коллективных Действий» само передвижение из Москвы в место проведения акции и возвращение обратно составляло часть акции, которая, таким образом, затягивалась надолго. Кроме того, в случае конкретных перформансов, завершение откладывалось на еще более позднее время: «Вернувшись в Москву, участники должны были составить письменные отчеты о своих переживаниях и предложить их смысловые интерпретации; впоследствии эти материалы становились основой для обсуждения и дебатов, в которых участвовали сами художники и их окружение» (Бишоп. 2011, с. 12). Что касается сегодняшней ситуации, в этом отношении небезынтересны такие явления, как, например, «новое процессуальное искусство».

дущих сборников и делающий их неузнаваемыми. При этом, несмотря на новую форму и новый контекст, сохраняется стиховое начало.

Ханин переводит многоголосье, диалогичность, полисемиотичность в эстетическую плоскость и одновременно в изобразительную и вербальную сферы. Концепция произведения искусства как о перформативного продукта, совмещающем в себе множество кодов и языков, подразумевает максимальное разнообразие одинаково подходящих интерпретаций и прочтений. Иерархичность гибкая, поскольку сильно зависит от того, какой язык считать первичным или из какого метода анализа исходить.

Заключение

Литература после 1990-х гг. стремилась к новым ориентирам для дефиниции своей идентичности, прежде всего через поиски собственной индивидуальной выразительной манеры; отрицание предыдущей традиции было обусловлено не столько естественным для любого культурного процесса желанием обновления предшествующего канона, сколько невозможностью оперировать в новом контексте старыми методами и – что важнее – функционировавшими в предыдущей парадигме языками: поэзия ведь прежде всего – упражнение во владении актуальной для пишущего в первую очередь, самодовлеющей речью.[1]

Глобально описать эволюцию этих поисков или задачи современной поэзии, наверное, невозможно из-за бесконечных, одновременно развивающихся направлений и индивидуальных подходов, особенно если учесть оторванность постсоветской культуры от хода исторических и

---

[1] Актуальность и продуктивность проиллюстрированных в этой работе тенденций можно продемонстрировать на примере поэтической практики представителей более молодых поколений: поэзия К. Корчагина, крайне репрезентативного «молодого» автора, использует много из рассмотренных здесь приемов, и, в частности, свидетельствует о сознательном нарушении канонических поэтических форм; несмотря на четкую тенденцию к формализации и упорядоченности стиховой ткани, по отношению к Корчагину, мне кажется, уместно говорить о тенденции – особенно в некоторых циклах – к фрагментации стихов, в которых переносы (и следовательно паузы) «форсируют», «ломают» синтаксическую структуру фразы. См. в качестве примера: «[...] и плечом к плечу в темноте завода мы стоим / пока свет грохочет над нами распределяя / рассвет над осенним берлином и ульрика / майнхоф и друзья её с нами там где мёдом / сочится кройцберг и поездами гремит / нойкёльн так что к западу от границы все / перверты булонского леса чувствуют дрожь / земли её влажные руки на бёдрах своих / и коленях – вот он смотрит на нас и цветы / взрываются в солнечных лавках и рвутся» (Корчагин. 2017, с. 30). Еще одна особенность этой поэзии состоит в организации стихового материала по визуальному принципу: так же, как и у С. Тимофеева, у Корчагина встречаются «стиховые блоки», в которых переносы обусловлены среди прочего графической формализацией в виде более или менее четких геометрических фигур (см., напр.: Корчагин. 2017, с. 33 и др.); эволюцией этой тенденции является ориентация на прозаизацию стиха, представленного иногда в виде фрагмента из одной или нескольких фраз, что составляет интересную параллель с проанализированной практикой у Сен-Сенькова. Для Корчагина, даже в большей степени, чем для членов «Орбиты» и Сен-Сенькова, такие формальные решения не носят характера эксперимента, а рассматриваются скорее как ставшие нормативными формы для передачи специфического смысла, доказательством чему служит тот факт, что в одном цикле такие стихотворения соседствуют с другими, организация словесного материала которых традиционна (катрены или секстины, пусть белые, например, или анапестические стихи).

социальных процессов своего времени. Неслучайно самое, пожалуй, репрезентативное объединение молодых авторов (не поэтов, не прозаиков) той поры, «Вавилон», не ставило перед собой никаких общих эстетических задач и не выдвигало никаких общих деклараций, а просто собрало вокруг себя писателей по поколенческому принципу (одноименный альманах представлял тексты «*молодых* авторов»). Кроме того, ответ на такие общие вопросы и не входил в цели этой работы.

Тем не менее описанные в ней тенденции представляются мне показательными для ситуации, в которой бытует современный поэт: обусловленное отсутствием общепринятых социальных и ценностных ориентиров стремление к ре-индивидуализации литературного творчества в первой половине 1990-х гг. отражало необходимость разработки инструментария, пригодного для (само)рефлексии и осознания окружающей реальности и в конечном итоге для определения себя как субъекта.

За прошедшую четверть века, наверное, исчерпывающей картины не сложилось, отнюдь не только в литературе, и окружающая реальность не стала понятнее или менее зловещей, но, безусловно, сегодня можно говорить об устоявшихся поэтиках и вообще о том, что некоторые писатели (наряду с анализируемыми на предыдущих страницах можно перечислить еще несколько десятков) нашли персональный выход из тупика, путь к выражению собственного отношения к окружающей действительности. Другими словами, можно констатировать завершение еще одного этапа литературной эволюции как «смены систем».[2]

В свете этого слияние стихотворной и прозаической парадигм, обращение к разнокодированности и мультикультурализму (через полисемиотичность) являются способами косвенного отражения этого отношения.

При разнице в концепциях и конкретных результатах рассмотренных писательских модальностей, можно констатировать некую общую тенденцию к прозаизации стихотворного текста, в том числе через обращение к максимально гетерогенным языковым моделям, что имплицитно свидетельствует о неэффективности единой системы для исчерпывающего описания личного пространства автора, как доказывает тенденция последнего времени к сотрудничеству с музыкантами и вообще представителями «других искусств».

Это обусловлено, с одной стороны, девальвацией культуры как институции и культурного артефакта как эстетически значимого продукта, а с другой стороны, потребностью в понятийно и мировоззренчески упрощенной модели апеллирования к культурным референтам. В этом смысле обращение к массовой культуре прошлого помогает определять

---

[2] Тынянов (1977, с. 272).

модусы и векторы собственной аффективно-переживательной сферы и – что для читателя важнее – способы ее передачи.

Если принять тот факт, что поэзия после Бродского не «обязательно должна быть антиромантической: она просто другая. Она уже вне романтического уговора»[3], то в современной ситуации она не обязана быть ничем, не обязана укладываться ни в какие рамки. Дискредитация советского прошлого постмодернистами привела к недоверию к любому языку и к любому дискурсу, в том числе (в контексте постсоветской культуры) к самому постмодернизму. Перенасыщенность языков, метаязыков, культурных напластований и симулякров, которую застали начинавшие в первой половины 1990-х писатели, парадоксальным образом несла в себе зачатки большей свободы в выборе выразительных модусов и средств.

В конечном итоге, эта ситуация способствовала в случае многих писателей, дебютировавших на стыке 1980-х и 1990-х годов, нахождению собственного «ре-индивидуализированного» голоса, в том числе через формализацию поисков новых коммуникативно-экспрессивных модальностей, воплощающихся в тотальном произведении, максимально открытом поступающим извне импульсам. Творчество рассмотренных авторов, как мне кажется, и дает «образцы не хорошей, правильной, культурно насыщенной речи, а речи уместной и ясной при отсутствии общего культурного багажа».[4]

В этом смысле повествовательный верлибр служит способом передачи речи оригинальной и «уместной»; широта применения в современной поэзии именно этого метра свидетельствует о желании начинать с чистого листа, без запинок и метапоэтических «обязанностей».

Это утверждение актуальности и потребности в «авторитете „неискусства"»[5] в контексте не только художественной авторефлексии и самовыражения, но и жизни, ставшей на первый взгляд прозаичной и прагматичной в соответствии с анти-аффективностью, свойственной обществам пост- (пост-утопическим, обществу постправды, и т.д.). Ре-индивидуализация языка и ре-персонализация текста как способы авторефлексии, может быть, представляют собой шаг в сторону лиризации происходящего с нами здесь и теперь. Может быть.

---

[3] Дашевский (2015, с. 148).
[4] Дашевский (2015, с. 152).
[5] Лотман (1998, с. 105).

Список литературы

Баевский В. / Ибраев Л. / Кормилов С. / Сапогов В. (1975): К истории русского свободного стиха // Русская литература. 3, 1975. 89-102.
Барт Р. (2011): Camera lucida. Комментарий к фотографиям. М.
БАС (2004): Большой академический словарь русского языка. В 17 тт. Под ред. К. Горбачевича, С. Герд и др. М.-СПб. 2004-.
Бахтин М. (2000): Проблемы творчества Достоевского // М. Бахтин: Собрание сочинений в семи томах. Том 2. Проблемы творчества Достоевского, 1929. Статьи о Л. Толстом, 1929. Записи курса лекций по истории русской литературы, 1922-1927. М. 7-175.
Бахтин М. (2002): Проблемы поэтики Достоевского // М. Бахтин: Собрание сочинений в семи томах. Т. 6. Проблемы поэтики Достоевского, 1963. Работы 1960-1970-х гг. М. 7-300.
Беньямин В. (1996). Произведение искусства в эпоху его технической воспроизводимости // В. Беньямин: Произведение искусства в эпоху его технической воспроизводимости. Избранные эссе. М. 15-65.
Бишоп К.. (2011): Зоны неразличения: группа «Коллективные действия» и партиципаторное искусство // Пустые зоны. Андрей Монастырский и «Коллективные действия». Лондон. 10-18.
Бонифаций: Избранное или название или меж двух носов. http://www.vavilon.ru/bgl/bon1.html (17/06/2018).
Васякина О. (2016): Женская проза. Москва. 2016.
Верина У. (2017): Обновление жанровой системы русской поэзии рубежа XX–XXI вв. Минск.
Виноградов В. (1980): Проблема сказа в стилистике // В. Виноградов: О языке художественной прозы. М. 42-97.
Гандлевский С. (1998): Критический сентиментализм // С. Гандлевский: Поэтическая кухня. СПб. 13-17.
Гаспаров М. (2000): Метр и смысл. М.
Гаспаров М. (2001): Русский стих начала XX века в комментариях. М..
Гаспаров М. (2002): Очерки русского стиха. Метрика. Ритмика. Рифма. Строфика. М. 2002.
Гаспаров М. (2004): «Теснота стихового ряда». Семантика и синтаксис // Analysieren als Deuten. Wolf Schmid zum 60. Geburtstag. Hamburg. 85-95.
Голдберг Р. (2014): Искусство перформанса от футуризма до наших дней. М. 2014.
Голубкова А. (2010): Одинокая судьба велосипедов // Воздух 1, 2010. http://www.litkarta.ru/projects/vozdukh/issues/2010-1/golubkova (17/06/2018).
Голынко-Вольфсон Дм. (2012): Прикладная социальная поэзия: изобретение политического субъекта // Транслит. 10/11, 2012. 180-182.
Данилов Дм. (2015): Переключатель. New York.
Дашевский Г. (2015): Как читать современную поэзию // Г. Дашевский: Стихотворения и переводы. М. 143-156.
Драгомощенко А. (2011): Тавтология. М.
Дубин Б. (2010a): Массовая словесности – национальная культура – формирование литературы как социального института // Б. Дубин: Классика, после и рядом. Социологические очерки о литературе и культуре. М. 84-95.
Дубин Б. (2010b) Массовое признание и массовая культура // Б. Дубин: Классика, после и рядом. Социологические очерки о литературе и культуре. М. 76-83.
Жирмунский В. (2001): Задачи поэтики // В. Жирмунский: Поэтика русской поэзии. СПб. 25-79.

Житенев А. (2012): Поэзия неомодернизма. СПб.

Захаркив Е. (2017): Felicity conditions. М.

Золян С. (2016): Юрий Лотман о тексте. Идеи, проблемы. Перспективы // Новое литературное Обозрение. 139, 2016. 63-96.

Идлис Ю. (2004): Скафандр из очень чувствительной кожи. [Рец. на] Ханин Семен. Только что / Tikko – Riga. Neptuns, Орбита, 2003 – 60 стр. // Новое литературное обозрение. 67, 2004. 326-328.

Каргашин И. (2017): Русский стихотворный сказ XVII-XXI вв. Генезис. Эволюция. Поэтика. М.

Кобрин К. (2015): Почти апофатическое, кругами, приближение к Тимофееву // Воздух. 3-4, 2015. http://www.litkarta.ru/projects/vozdukh/issues/2015-3-4/kobrin (27/05/2018).

Корчагин К. (2014): Рец. на: Семён Ханин. Вплавь // Воздух, 1, 2014. 262.

Корчагин К. (2017): Все вещи мира. М.

Кузьмин Дм. (2001): Постконцептуализм. Как бы наброски к монографии // Новое литературное обозрение. 50, 2001. 459-476.

Кузьмин Дм. (2002): После концептуализма // Арион. 1,2002. 91-99.

Кузьмин Дм. (2008): Хорошо быть живым. М

Кукулин И. (2001a): От перестроечного карнавала к новой акционности. Текст II. // Новое литературное обозрение. 51, 2001. 248-262.

Кукулин И. (2001b): Прорыв к невозможной связи (Поколение 90-х в русской поэзии: возникновение новых канонов) // Новое литературное обозрение. 50, 2001. 435-458.

Кукулин И. (2002a): Every trend makes a brand // Новое литературное Обозрение. 56, 2002. 253-268.

Кукулин И. (2002b): Про мое прошлое и настоящее // Знамя, 10, 2002. 208-216.

Кукулин И. (2002c): Современный русский поэт как воскресшие Аленушка и Иванушка. О русской поэзии 90-х годов // Новое литературное Обозрение. 53, 2002. 273-297.

Кукулин И. (2002d): Фотография внутренностей кофейной чашки // Новое литературное обозрение. 54, 2002. 262-282.

Кукулин И. (2014): Д.А. Пригов и Всеволод Некрасов: два варианта эстетической утопии // Пригов и концептуализм. Сб. статей. М. 243-263.

Куприянов В. (1974): Поэзия в свете информационного взрыва // Вопросы литературы 10, 1974. 76-94.

Куприянов В. (1990): Поэзия и ее свобода // Поэзия. Альманах. 55. М. 118-125.

Ларионов Д. (2013): Рец. на: Артур Пунте. Стихотворные посвящения // Воздух. Журнал поэзии. 3-4, 2013. С. 235

Лехциер В. (2018): Экспонирование и исследование, или что происходит с субъектом в новейшей документальной поэзии: Марк Новак и другие // Новое литературное обозрение. 150, 2018. 229-250.

Липовецкий М / Кукулин И. (2014): Теоретические идеи Д.А. Пригова // Пригов и концептуализм. Сб. статей. М. 81-103.

Липовецкий М. (2017): Между Приговым и ЛЕФом. перформативная поэтика Романа Осминкина // Новое литературное обозрение. 145, 2017. 241-262.

Лотман Ю. (1992): Текст и полиглотизм культуры // Ю. Лотман: Избранные статьи в трех томах. Таллин. 142-147.

Лотман Ю. (1998) Структура художественного текста. // Ю. Лотман: Об искусстве. СПб. 18-252.

Лотман Ю. / Пятигорский А. (1992): Текст и функция // Ю. Лотман: Избранные статьи в трех томах. Том I. Статьи по семиотике и топологии культуры. Таллин. 133-141.

Львовский Ст. (2003): Возьмите нас к звездам, отведите нас в кино (Рец. на кн.) Тимофеев Сергей. Почти фотографии. На русском и латышском языках. Переводы на латышский Андриса Акментиньша. Riga: Orbita – ATENA, 2003 – 120 с. // Новое литературное Обозрение 62, 2003. 461-462.

Львовский Ст. (2008): Camera rostrum. М

Молнар М. (1988): Странности описания. Поэзия Аркадия Драгомощенко // Митин журнал 21, 1988. http://kolonna.mitin.com/archive.php?address=http://kolonna.mitin.com/archive/mj21/molnar.shtml (21/05/2018).

Орбита (2001): Орбита 3. Альманах: поэзия, проза, эссе, фотографии, компьютерная графика. Рига.

Орлицкий Ю. (1997): Minimum minimorum, отсутствие текста как тип текста // Новое литературное обозрение. 23, 1997. 270-279.

Орлицкий Ю. (2002): Стих и проза в русской литературе. М.

Орлицкий Ю. (2005): Холин и Сапгир – пионеры русского авангарда // Russian literature. 57, 2005. 391-403.

Орлицкий Ю. (2014): О стихосложении Пригова (к постановке проблемы) // Пригов и концептуализм. Сб. статей М. 139-153.

Ортега-и-Гассет Х. (1991): Дегуманизация искусства // Х. Ортега-и-Гассет: Эстетика. Философия культуры. М. 1991.

Павловец М. (2013): Творчество Генриха Сапгира и поэзия конкретизма: от типологического схождения к творческому освоению // Русистика и компаративистика: Сборник научных статей. Вильнюс-Москва. 79–90.

Поляков В. (2007): Книги русских футуристов. Издание второе, исправленное и дополненное с приложением каталога футуристических изданий. М.

Поэтроника: офиц. сайт. http://www.ncca.ru/events.text?filial=2&id=2661 (06/07/2018).

Пунте А. (2013): Стихотворные посвящения Артура Пунте. Рига.

Ранцев Д. (2009): Изобретая траекторию // Д. Ранцев. Кинотации. Рига. 518-525.

Самигулина Е. (2016): Асемическое письмо. Новая постлитература. Интервью Марко Джовенале с Екатериной Самигулиной // Транслит. 18, 2016. 8-16.

Сапгир Г. (1995): Стихи на неизвестном языке // Новое литературное обозрение. 16, 1995. 290-295.

Сапгир Г. (1999): Собрание сочинений в четырех томах. М.-Париж-Нью-Йорк

Сваровский Ф. (2007): Несколько слов о «Новом эпосе» // РЕЦ. Lиnетературный журнал. 44, 2007. 3-6.

Светлов Вл. (2014): Б/у. Рига.

Сен-Сеньков А. (2006): Дырочки сопротивляются. М.-Тверь.

Сен-Сеньков А. (2008): Сломанные фотографии Джона Глэсси // Альманах Абзац. Поэзия, проза, графика: 4, 2008. 8-12.

Сен-Сеньков А. (2010): Бог, страдающий астрофилией М.

Сен-Сеньков А. (2012): Коленно-локтевой букет М.

Сен-Сеньков А. (2015): Воздушно-капельный теннис. Нижний Новгород.

Сен-Сеньков А. (2018a): Ноги. Им не больно. Шупашкар.

Сен-Сеньков А. (2018b): Стихотворения красивые в профиль. М.

Скидан А. (2016): Membra disjecta. СПб.

Сонтаг С. (2013): О фотографии. М.

Сунгатов Н. (2015): Произведение искусства в эпоху акторно-сетевой теории // Воздух. 3-4, 2015. http://www.litkarta.ru/projects/vozdukh/issues/2015-3-4/sungatov/ (26/05/2018).

Тимофеев С. (1996): Воспоминания диск-жокея. Рига

Тимофеев С. (1998): 96/97: Стихи. Рига.
Тимофеев С. (2003): Сделано. М
Тимофеев С. (2012): Stereo. Рига.
Тимофеев С. (2015): Интервью // Воздух. 3-4, 2015. http://www.litkarta.ru/projects/vozdukh/issues/2015-3-4/timofeev-interview/. (26/05/2018).
Тимофеев С. (2018а): Запись С. Тимофеева на своей странице Facebook от 28.04.2018 г.
Тимофеев С. (2018b): Реплика. Рига.
Тургенев И. (1994): Senilia. Стихотворения в прозе. М.
Тынянов Ю. (1977): О литературной эволюции. // Ю. Тынянов: Поэтика. История литературы. Кино. М. 270-281.
Тынянов Ю. (2002): Теория литературы // Ю. Тынянов: Литературная эволюция. Избранные труды. М. 27-166
Фатеева Н. (2001): Основные тенденции развития поэтического языка в конце XX века // Новое литературное обозрение. 50, 2001. 416-434.
Фуко М. (1999): Это не трубка // М. Фуко. Это не трубка, В. Подорога навязчивость взгляда М.
Ханин С. (2013): Вплавь/Peldus. Рига.
Ханин С. (2017): Но не тем/Bet ne ar to. Рига.
Хлебников В. (2001): Собрание сочинений в шести томах. Том второй. Стихотворения 1917-1922. М.
Хлебников В. (2003): Собрание сочинений в шести томах. Том четвертый. Драматические поэмы. Драмы. Сцены. 1904-1922. М.
Хлебников В. (2004): Собрание сочинений в шести томах. Том пятый. Стихотворения в прозе. Рассказы, повести, очерки. Сверхповести 1904-1922. М.
Шапир М. (1995): «versus» vs «prosa»: пространство-время поэтического текста // Philologica. 3/4, 1995. 7-47.
Штраус А. (2007): Лирический герой в поэзии Д. Воденникова // Вестник Томского государственного университета: Общенаучный периодический журнал. 303, 2007. Томск. 21-24.
Эйхенбаум Б. (1924): Сквозь литературу. Сб. статей. Л.
Эко У. (1998): Открытое произведение. СПб.
Эко У. (2003): Заметки на полях «имени розы». СПб.
Эпштейн М. (1988): Парадоксы новизны. О литературном развитии XIX-XX веков. М.
Ямпольский М. (2003): Дзен-барокко // Новое Литературное Обозрение. 62, 2003. 89-98.
Ямпольский М. (2015): Из хаоса (Драгомощенко: поэзия, фотография, философия). СПб.
Янышев С. (2017): УМР. Новая книга обращений. М.

Barthes R. (1985): L'aventure sémiologique. Paris
Bohn W. (1986): The aesthetic of visual poetry 1914-1928. New York.
Kukulin I. (2015) Narrative poetry // Russian literature since 1991. Cambridge. 244-267.
Lipovetsky M. (2015): Postmodernist novel // Russian literature since 1991 Cambridge. 145-166.
Mecacci A. (2014): Il Kitsch. Bologna
Orbita (2018): Orbita. In reverse order. Riga.

Другие носители информации

Орбита (2005): Орбита 4. Поэзия. Музыка. Видео. Dzeja. Mūzika. Video. Poetry. Music. Video. [CD + DVD].

Сен-Сеньков А. / Сысоев А. (2017): Снег [CD].
Сен-Сеньков А. / Широков К. (2017a): Платья пернатой Евы [CD].
Сен-Сеньков А. / Широков К. (2017b): Сломанные колыбели [CD].

Simonis L. / Bakker H. / Verschoor D. / Sen-Senkov A. (2018): Judith Scott touched her genes with her own hands [MC].

www.ingramcontent.com/pod-product-compliance
Lightning Source LLC
Chambersburg PA
CBHW070310230426
43664CB00015B/2710